親子で遊ぼう　福田けい　監修

あやとり だいすき！

池田書店

もくじ

レベル
- ⭐☆☆ ……… かんたん
- ⭐⭐☆ ……… ふつう
- ⭐⭐⭐ ……… むずかしい

あやとりのきほん …………………… 4
この本の見かた …………………… 8

1 あやとりで かえるの王子さま

- 木 ⭐☆☆ …………………… 10
- ちょうちょう ⭐⭐☆ …………………… 11
- かえる ⭐⭐☆ …………………… 12
- つりばし ⭐⭐☆ …………………… 13
- おうかん ⭐⭐⭐ …………………… 14
- くんしょう ⭐⭐⭐ …………………… 15

2 あやとりで 十二支ものがたり

- ねずみ ⭐⭐☆ …………………… 18
- うし ⭐⭐☆ …………………… 20
- とら ⭐⭐☆ …………………… 21
- うさぎ ⭐⭐⭐ …………………… 23
- たつ ⭐⭐☆ …………………… 26
- へび ⭐⭐☆ …………………… 29
- うま ⭐⭐☆ …………………… 30
- ひつじ ⭐⭐⭐ …………………… 31
- さる ⭐⭐☆ …………………… 34
- とり ⭐⭐☆ …………………… 36
- 犬 ⭐☆☆ …………………… 38
- いのしし ⭐⭐☆ …………………… 39

3 あやとりで うらしまたろう

- かめ ⭐⭐☆ …………………… 42
- くらげ ⭐⭐☆ …………………… 43
- 7つのダイヤモンド ⭐⭐☆ ……… 44
- さかな ⭐⭐☆ …………………… 46
- せんす ⭐☆☆ …………………… 48
- いえ ⭐⭐⭐ …………………… 49

4 あやとりで おりひめとひこぼし

- きらきらぼし ⭐⭐☆ …………………… 52
- はたおり ⭐☆☆ …………………… 53
- 川 ⭐☆☆ …………………… 55
- 月にむらくも ⭐⭐☆ …………………… 56
- かささぎ ⭐⭐☆ …………………… 57

5 人気のあやとり

- ほうき ★☆☆ …………… 60
- ゴム ★☆☆ …………… 61
- バナナ ★☆☆ …………… 62
- ふじさん ★★☆ …………… 63
- かたつむり ★★☆ …………… 64
- 花 ★★☆ …………… 66
- 花かご ★★☆ …………… 68
- めがね ★★☆ …………… 70
- とうきょうタワー ★★☆ …………… 72
- 1だんばしご ★★☆ …………… 73
- 2だんばしご ★★☆ …………… 75
- 3だんばしご ★★☆ …………… 76
- 4だんばしご ★★☆ …………… 78
- 5だんばしご ★★★ …………… 80
- 6だんばしご ★★★ …………… 82
- かがにげた！ ★☆☆ …………… 83
- あおむしダンス ★★★ …………… 85

6 マジックあやとり

- てじょうはずし ★☆☆ …………… 88
- ひもうつし ★★☆ …………… 90
- 5本ゆびぬき ★★☆ …………… 92
- りょう手ゆびぬき ★★★ …………… 94
- ゆびわおとし ★★☆ …………… 96

7 みんなであやとり

- のこぎり ★★☆ …………… 98
- もちつき ★★☆ …………… 100
- ろくぼうせい ★★★ …………… 102
- ふたりあやとり ★★☆ …………… 105
  - たんぼ→川→ふね→
  - ダイヤ→かえる→つづみ

8 れんぞくあやとり

- はまぐり→とんぼ ★★☆ …………… 112
- かに→なっとう→女の子 ★★☆ …………… 114
- さかずき→エプロン→でんきゅう→
  - じょうぎ ★★☆ …………… 117
- ちょうちょう→さんみゃく→ねこ
  - ★★★ …………… 120

- さくいん …………… 124

まずはかんたんな
「あやとりでかえるの王子さま」
からやってみてね！

あやとりのきほん

手とゆびのなまえをおぼえよう！

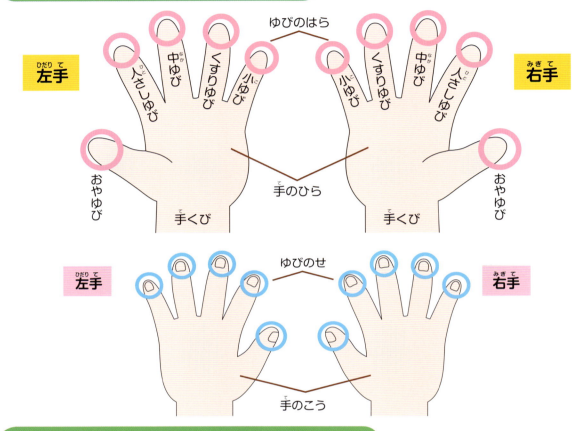

この本に出てくるきごうをおぼえよう！

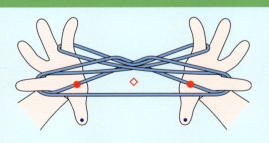

- 🔴 ひもをとったり、おさえたりするきごう
- 🔵 そのゆびでひもをとったり、おさえたりするきごう
- ◇ ひもとひものすきまに、ゆびや手を入れるきごう
- ↶ 手やゆびをうごかすきごう
- × ひもをはずすきごう

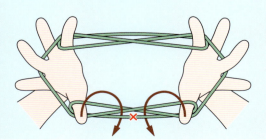

とりかたのきほんをおぼえよう！

ゆびのせでとる

ひもの下から
ゆびを入れ、
ゆびのせにひもを
かけてひく。

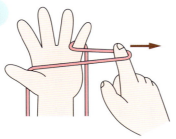

ゆびのはらでとる

ひもの上から
ゆびを入れ、
ゆびのはらにひもを
かけてひく。

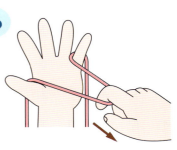

ひもをおさえる

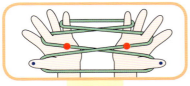

●のひもを●のゆびのはらでおさえる。

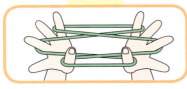

おさえたところ。

中に入れる

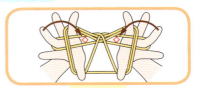

ゆびをまげて、ひもとひもの
すきまの◇の中に入れる。

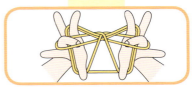

入れたところ。

ひもをはずす

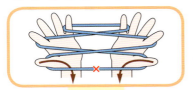

はずしたいゆびをうちがわにたおす。

はずしているところ。

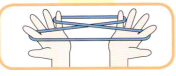

はずしたところ。

うちがわにたおすの
がむずかしいとき
は、はんたいの手を
つかってはずそう。

1本だけをはずすとき

ゆびをうちがわに
たおして、×のひ
もだけをはずす。

うちがわにたおし
ているところ。

はずしたところ。

3つのかまえをおぼえよう！

きほんのかまえ 　りょう手のおやゆび、小ゆびにひもをかける。

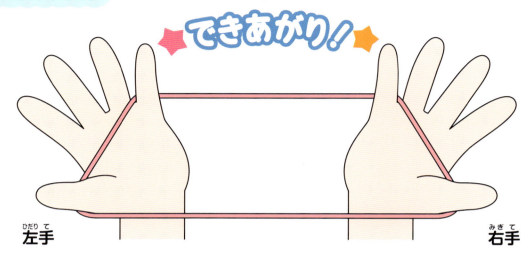

左手　　　　　　　　　　　　　　　　　　右手

中ゆびのかまえ

1
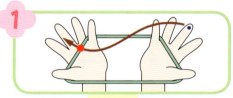

「きほんのかまえ」をする。
右手の中ゆびのせで●をとる。

2
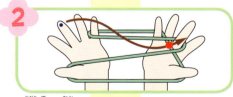

左手の中ゆびのせで●をとる。

できあがり！

人さしゆびのかまえ

1
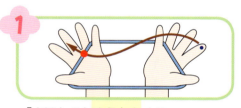

「きほんのかまえ」をする。
右手の人さしゆびのせで●をとる。

2
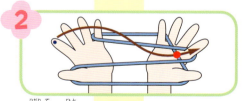

左手の人さしゆびのせで●をとる。

できあがり！

あやとりのひもについてしろう！

ひものしゅるい

くみひもやナイロンそざいのひも、けいとなどをつかうとよいでしょう。
ふとさは、2～3mmくらいがおすすめです。

ひものながさ

手の大きさによってもかわりますが、じぶんの手のひらにひもを7かいくらいまきつけたながさが、ちょうどよいながさのめやすです。
この本には、ながいひもとみじかいひもの2本がついています。

ながさのめやす
4～5才……100～130cm
6～9才……120～140cm
10～12才…130～160cm
おとな………130～180cm

ひものあみかた

けいとをくさりあみして、
あやとりひもをつくってみよう。

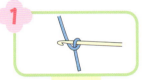

1. ずのように、けいとをかぎばりにかける。

5. わの中からけいとをひき出す。

2. かぎばりをやじるしのほうこうにうごかし、けいとをかける。

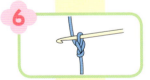

6. 4～5をくりかえす。

3. わの中からけいとをひき出す。

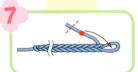

7. ひものはしをきり、●をわの中にとおしてギュッとしめる。ひものりょうはしをむすぶ（**ひものむすびかた**をさんこうにしてね）。

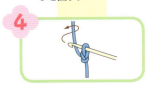

4. かぎばりをやじるしのほうこうにうごかし、けいとをかける。

ひものむすびかた

ほどけにくいむすびかたをしょうかいするよ。

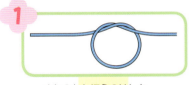

1. ひものかたほうのはしをゆるくむすび、わをつくる。

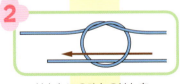

2. はんたいのひものはしを、わの中にとおす。

3. 2でとおしたひもで、わをもうひとつつくる。

4. ひものりょうはしを左右にひっぱり、むすぶ。ひものはしはきる。

この本の見かた

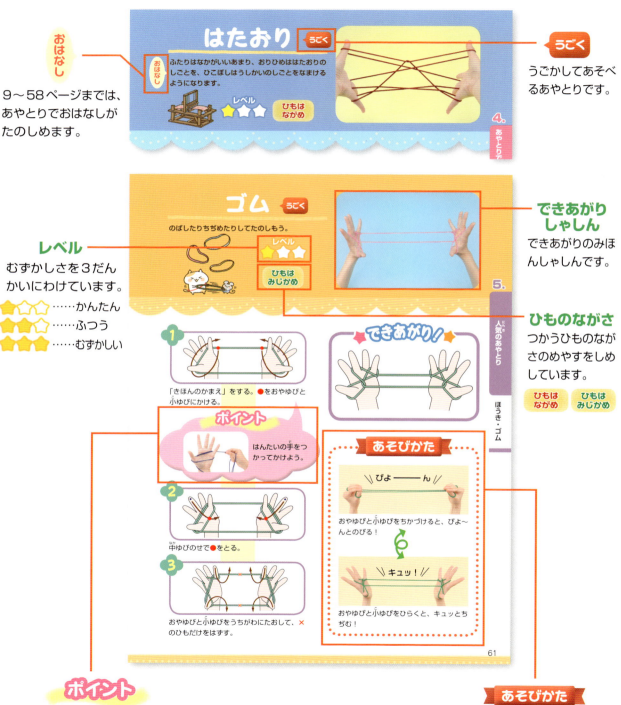

9〜58ページまでは、あやとりでおはなしがたのしめます。

おはなし

うごく うごかしてあそべるあやとりです。

レベル むずかしさを3だんかいにわけています。
⭐☆☆……かんたん
⭐⭐☆……ふつう
⭐⭐⭐……むずかしい

できあがりしゃしん できあがりのみほんしゃしんです。

ひものながさ つかうひものながさのめやすをしめしています。
ひもはながめ　ひもはみじかめ

ポイント わかりにくいところは、しゃしんをのせています。

あそびかた できあがったあやとりのあそびかたをしょうかいしています。

8

1. あやとりで かえるの王子さま

　ある日、おひめさまが森の中で遊んでいると、まりが泉の中に落ちてしまいました。すると水の中から、1ぴきのかえるが顔を出し、こう言いました。
「ぼくと友だちになってくれるなら、まりをひろってあげる」
　どうしてもまりをひろってほしかったおひめさまは、いやいやかえると友だちになる約束をして、まりを受けとりました。おひめさまがいそいで帰ろうとすると、かえるもお城までついてきました。おひめさまとかえるは、いっしょにごはんを食べ、いっしょのベッドでねることになります。
　おひめさまはうんざりして、かえるを部屋のかべに投げつけました。
　するとかえるは、王子さまにかわったのです。
「悪いまじょにのろいをかけられていたのです。助けてくれてありがとう」
　そして、おひめさまは王子さまの国に行くことになり、二人は幸せに暮らしました。

 木………10ページ　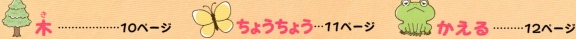ちょうちょう…11ページ　かえる………12ページ

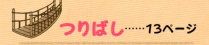つりばし……13ページ　おうかん……14ページ　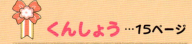くんしょう…15ページ

木

おはなし　木がおいしげる森の中で、おひめさまは、いずみのそばでまりあそびをしていました。

レベル

ひもはながめ

1
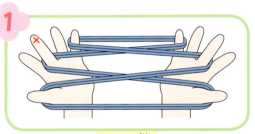

ひもを2じゅうにして「中ゆびのかまえ」をする。左手の中ゆびから、×のひもを2本ともはずす。

2
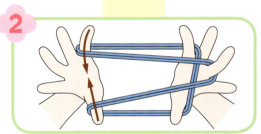

左手のおやゆびと小ゆびをくっつける。

3
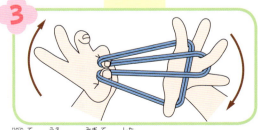

左手を上に、右手を下にする。

できあがり！
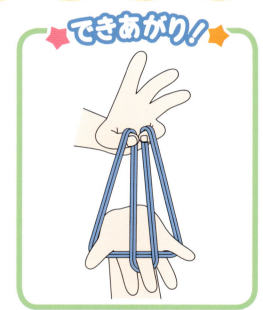

まりあそび、だいすき！

ちょうちょう

おはなし ちょうちょうがまい、おひめさまはとてもたのしそうです。

レベル ★☆☆   ひもはみじかめ

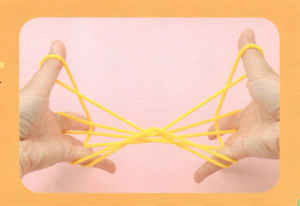

1
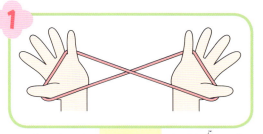
ひもを1かいねじって、おやゆびと小ゆびにかける。

2
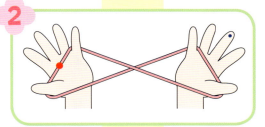
右手の中ゆびのせで●をとる。

3
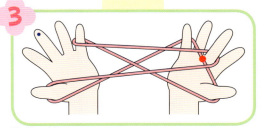
左手の中ゆびのせで●をとる。

4
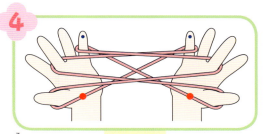
小ゆびのせで●をとる。

5
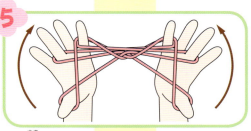
ゆび先をむこうがわにむける。

できあがり！
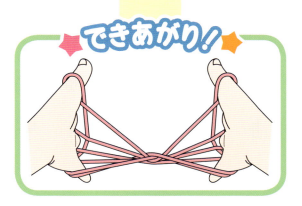

1. あやとりで かえるの王子さま ／ 木・ちょうちょう

かえる

ところが、まりがいずみにおちてしまいました。まりをひろってくれたかえるに、「ともだちになろう」といわれます。

ひもは みじかめ

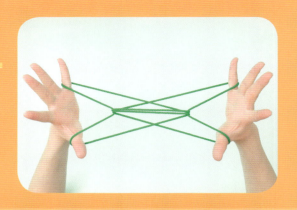

1
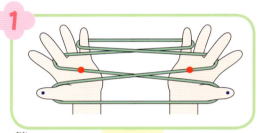

「中ゆびのかまえ」をする。おやゆびのせで●をとる。

2
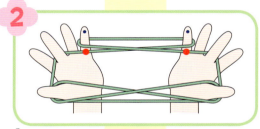

小ゆびのせで●をとる。

3
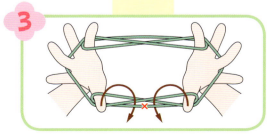

おやゆびをうちがわにたおして、×のひもだけをはずす。

4
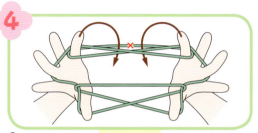

小ゆびをうちがわにたおして、×のひもだけをはずす。

5
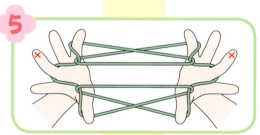

中ゆびのひもをはずす。

できあがり！
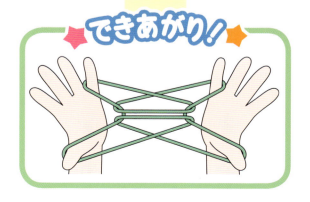

つりばし

おはなし かえるとともだちになりたくないおひめさまは、はしりだしました。森をぬけ、つりばしをとおり、おしろにかえりつきました。

レベル ★☆☆

ひもはながめ

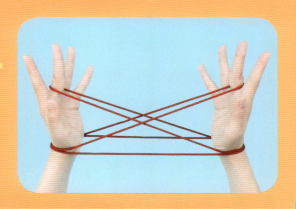

1. あやとりで かえるの王子さま

かえる・つりばし

1

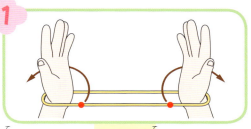

手くびにひもをかけ、●を手くびにまく。

3

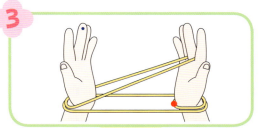

左手の中ゆびのせで●をとる。

ポイント

はんたいの手をつかってまきつけよう。

できあがり！

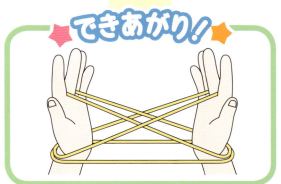

2

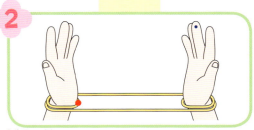

右手の中ゆびのせで●をとる。

にげきれたわ！

13

おうかん

おはなし おしろまでついてきたかえるに、おひめさまはおこり、かえるをかべにぶつけます。すると、かえるは王子さまにへんしんしました。

 レベル ★★☆ ひもは みじかめ

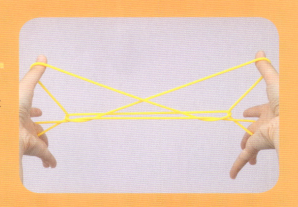

1
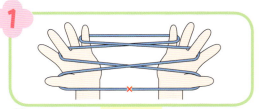

「中ゆびのかまえ」をする。おやゆびのひもをはずす。

2
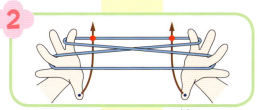

おやゆびのせで、ほかのひもの下から●をとる。

ポイント

手のひらをむこうがわにむけると、●がとりやすいよ。

3
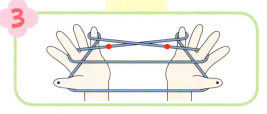

おやゆびのせで●をとる。

4
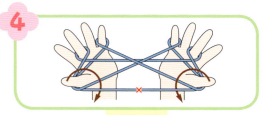

おやゆびをうちがわにたおして、×のひもだけをはずす。

5
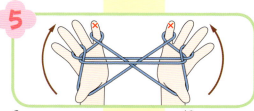

小ゆびのひもをはずして、ゆび先をむこうがわにむける。

できあがり！

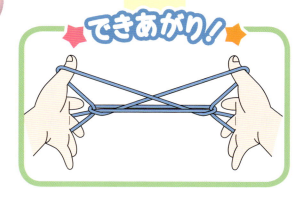

くんしょう

おはなし
「のろいから、たすけてくれてありがとう」と、王子さまがほほえみます。そしてふたりはけっこんしました。むねには、くんしょうがかがやいています。

レベル ★★☆

ひもはみじかめ

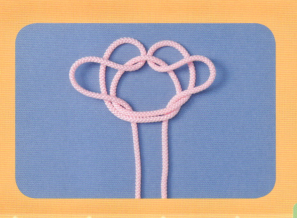

1. あやとりで かえるの王子さま
おうかん・くんしょう

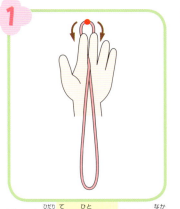

1 ひもを左手の人さしゆびと中ゆびにはさんでもち、●を左手の人さしゆびと中ゆびにかける。

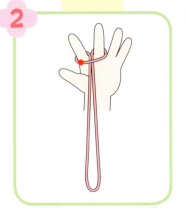

2 ●を右手でつまんでひき出して、1かいねじる。

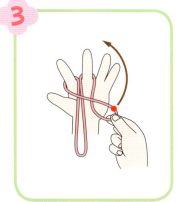

3 ●を左手の人さしゆびと中ゆびにかける。かけたひもは2でかかっているひもの下にする。

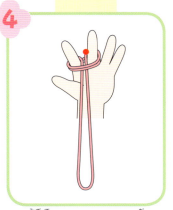

4 ●を右手でつまんでひき出す。

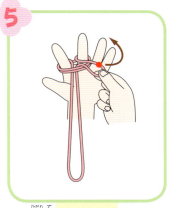

5 ●を左手のくすりゆびにかける。

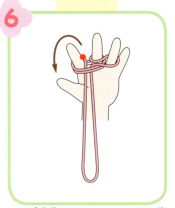

6 ●を右手でつまんでひき出し、左手のおやゆびにかける。

つぎのページにつづく

15

「くんしょう」のつづき

7

×を右手でつまみ、左手の人さしゆびと中ゆびからはずす。

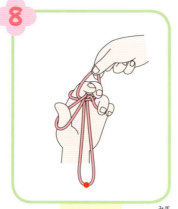

8

はずしているところ。●を右手で下にひっぱり、かたちをととのえる。

9

すべてのひもをゆびからはずし、かたちがくずれないようにつくえの上におく。

ポイント

手のこうからみて、いちばん下にかかっている×だけをはずそう。

ポイント

つよくひっぱるとかたちがくずれてしまうよ。やさしくひっぱろう。

ポイント

右手でまん中をおさえると、はずしやすいよ。

できあがり！

2. あやとりで 十二支ものがたり

むかしむかし、神さまが動物たちに「一月一日の朝、わたしのところに来なさい。1番から12番目までの動物を、一年交代でその年の大将にする」というおふれを出しました。

しかし話を聞いていなかったねこは、ねずみにたずねます。ねずみはわざと「一月二日の朝」とうそをつきました。

いよいよ新年の太陽がのぼったとき、前日の夜から出発していた牛が1番にあらわれました。しかし牛の背中にのっていたねずみがぴょんと飛びおり、ねずみが1番目、牛が2番目になったのです。

つづいてとら、うさぎ、たつ、へび、うま、ひつじ、さる、とり、犬、いのししの順番でとうちゃくしました。これが十二支の始まりです。

一月二日にとうちゃくしたねこは、ねずみにだまされたことにおこり、ねずみを追いかけまわしました。だから、今でもねこはねずみを追いかけているのです。

十二支

ね、うし、とら、う、たつ、み、うま、ひつじ、さる、とり、いぬ、い

- ねずみ……18ページ
- うし……20ページ
- とら……21ページ
- うさぎ……23ページ
- たつ……26ページ
- へび……29ページ
- うま……30ページ
- ひつじ……31ページ
- さる……34ページ
- とり……36ページ
- 犬……38ページ
- いのしし……39ページ

ねずみ

ねずみはうしのせなかからとびおりて、1ばんになりました。

レベル ★★☆

ひもはみじかめ

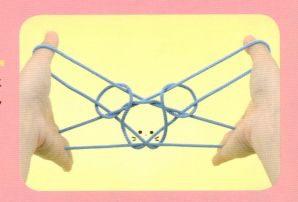

1
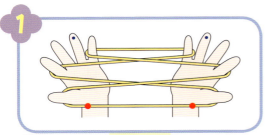
「人さしゆびのかまえ」をする。くすりゆびのせで●をとる。

2
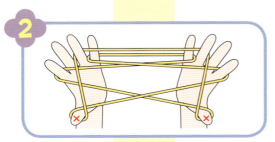
おやゆびのひもをはずす。

3
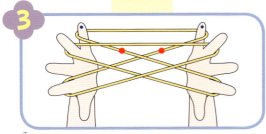
小ゆびのせで●をとる。

4
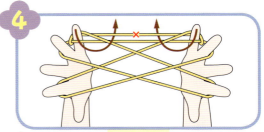
小ゆびをうちがわにたおして、×のひもだけをはずす。

5
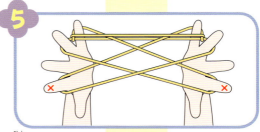
人さしゆびのひもをはずす。

6
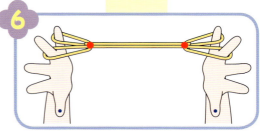
おやゆびのせで●をすべてとる。

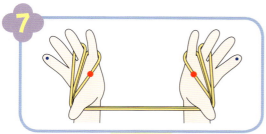

はんたいの人さしゆびのせで●をとりあう。

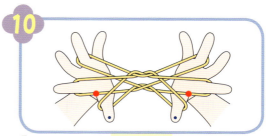

手のひらをむかいあわせて、おやゆびのせで●をとる。

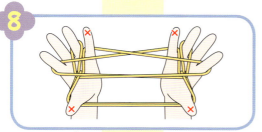

おやゆびと小ゆびのひもをすべてはずす。

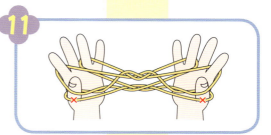

はんたいの手をつかって、おやゆびの下にかかっている×のひもだけをはずす。

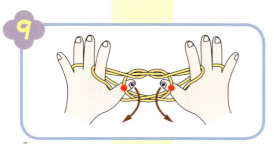

手のひらをむこうがわにむけて、おやゆびのせで●をとる。

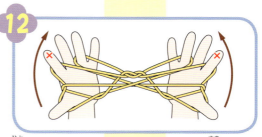

人さしゆびのひもをはずして、ゆび先をむこうがわにむける。

ポイント

ほかのひもをいっしょにとらないようにきをつけよう。

できあがり！

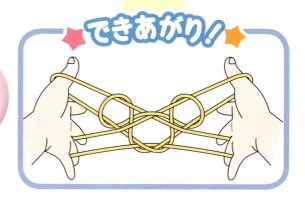

2. あやとりで 十二支ものがたり

ねずみ

19

うし

おはなし　うしは、ねずみにおいこされてしまったので、2ばんめでした。

レベル ★☆☆

ひもはながめ

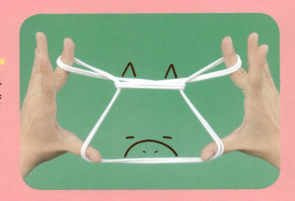

1
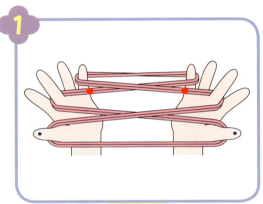

ひもを2じゅうにして「中ゆびのかまえ」をする。おやゆびのせで●をとる。

2
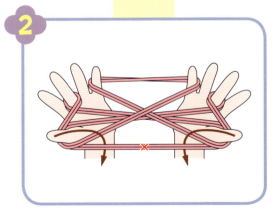

おやゆびをうちがわにたおして、×のひもだけをはずす。

3
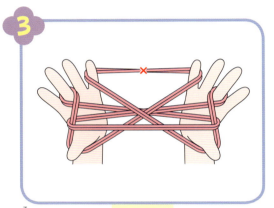

小ゆびからひもをはずす。

できあがり！

とら

すごいいきおいではしってきたとらが、3ばんめです。

レベル ★★☆

ひもは みじかめ

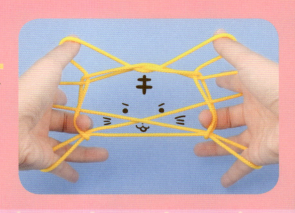

1
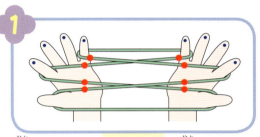

「人さしゆびのかまえ」をする。人さしゆび、中ゆび、くすりゆび、小ゆびで●をまとめてにぎる。

2
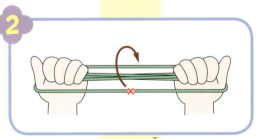

×をおやゆびからはずし、手のこうへまわす。ゆびを立てる。

ポイント

手のこうにかかるように、ひもをくるりとまわそう。

3
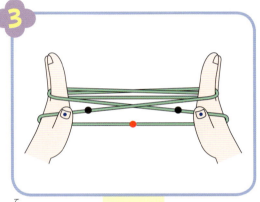

手のひらをむかいあわせておやゆびのはらで●をおさえ、そのままいちばんおくの●をおやゆびのせでとる。

ポイント

手のひらをむこうがわにむけると、●がとりやすいよ。

2. あやとりで 十二支ものがたり うし・とら

つぎのページにつづく

21

「とら」のつづき

4
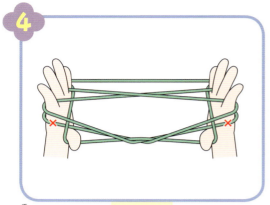

手のこうにかかっているひもを、はんたいの手をつかってはずす。

6
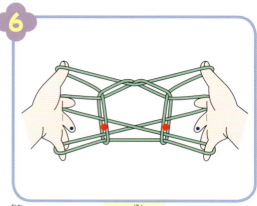

中ゆびのはらに●を2本ともかける。

ポイント

ほかのひもをはずさないように、ゆびをそろえよう。

7
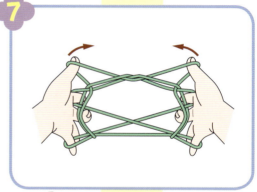

りょう手のおやゆびをすこしちかづける。

5
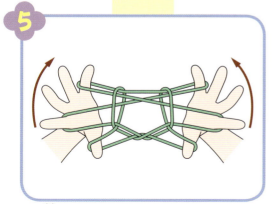

ゆび先をむこうがわにむける。

できあがり！

うさぎ

ぴょんぴょーんとはねてきたうさぎが、4ばんめになりました。

レベル ★★★

ひもはながめ

2. あやとりで 十二支ものがたり

とら・うさぎ

1
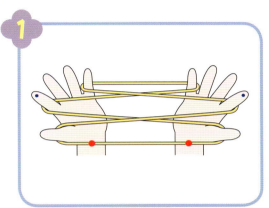

「人さしゆびのかまえ」をする。人さしゆびのせで●をとる。

2

はんたいの手をつかって、おやゆびのひもをはずす。

3
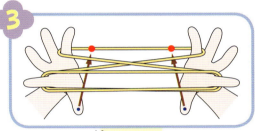

おやゆびのせで下から●をとる。

ポイント

手のひらをむこうがわにむけると、●がとりやすいよ。

4
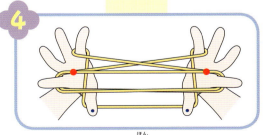

おやゆびのせで●を2本ともとる。

つぎのページにつづく

23

「うさぎ」のつづき

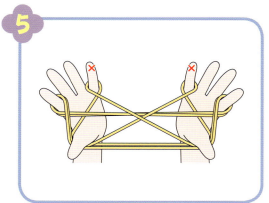

はんたいの手をつかって、小ゆびのひもをはずす。

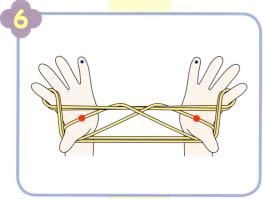

小ゆびのせで●をとる。

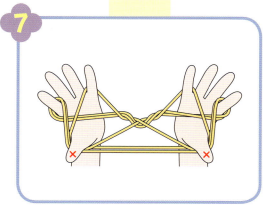

おやゆびのひもをすべてはずす。

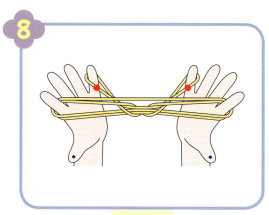

おやゆびのせで●をとる。

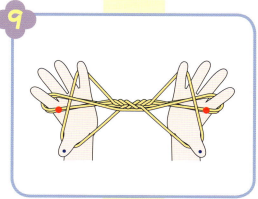

はんたいの手をつかって、おやゆびに●を2本ともかける。

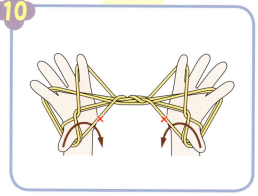

おやゆびをうちがわにたおして、×のひもだけをはずす。

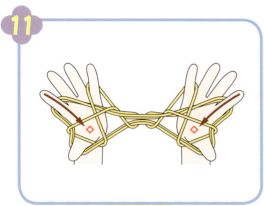

人さしゆびを◇の中に入れる。

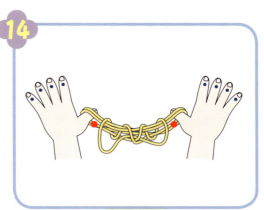

●を人さしゆび、中ゆび、くすりゆび、小ゆびでにぎる。

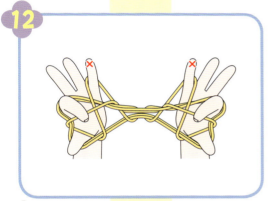

小ゆびのひもをはずす。

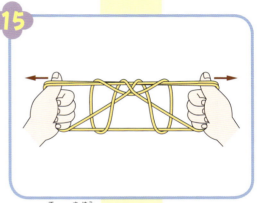

りょう手を左右にすこしずつひろげて、かたちをととのえる。

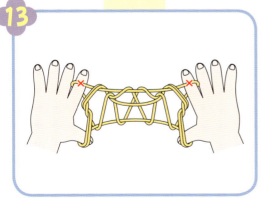

手のひらをむこうがわにむけて、人さしゆびのひもをはずす。

できあがり！

2. あやとりで 十二支ものがたり

うさぎ

たつ

おはなし 空をとんできたたつが5ばんめです。

レベル ★★☆

ひもはながめ

1

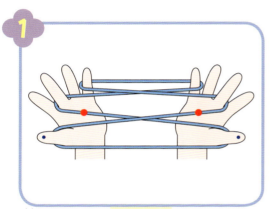

「中ゆびのかまえ」をする。おやゆびのせで●をとる。

2

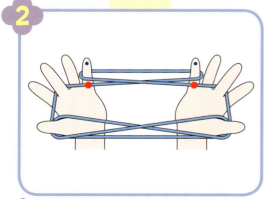

小ゆびのせで●をとる。

3

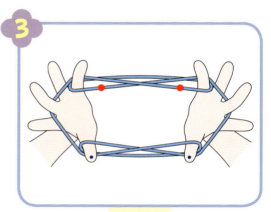

おやゆびのせで●をとる。

4

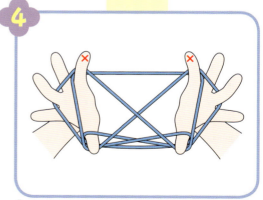

小ゆびのひもをすべてはずす。

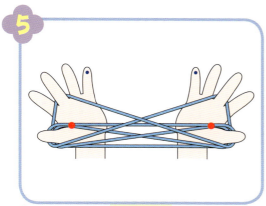

小ゆびのせで●を2本ともとる。

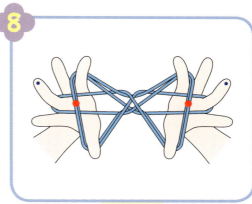

はんたいの中ゆびのせで●をとりあう。

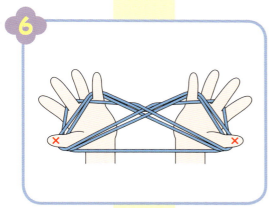

おやゆびのひもをすべてはずす。

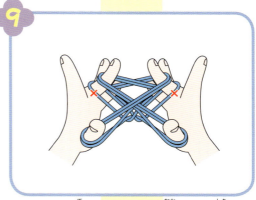

はんたいの手をつかって、中ゆびの下にかかっている×のひもだけをはずす。

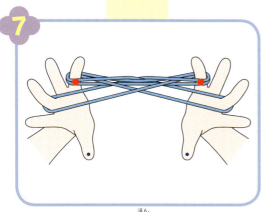

おやゆびのせで●を2本ともとる。

ポイント

上のひもがはずれないようにしよう。

つぎのページにつづく

「たつ」のつづき

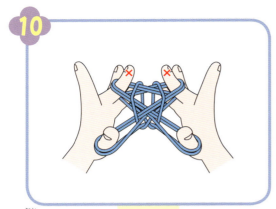

中ゆびのひもをすべてはずす。

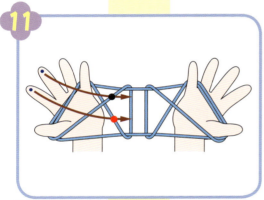

左手の人さしゆびのせで●を、中ゆびのせで●をとる。

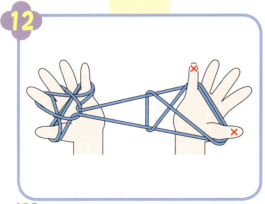

右手のひもをすべてはずす。

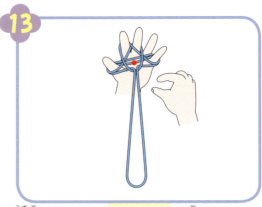

右手で●をつまみ、すこしひき出す。

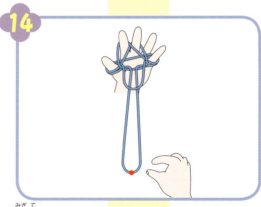

右手で●をもつ。

できあがり！

へび

へびは、たつに「お先にどうぞ」といったので6ばんめになりました。

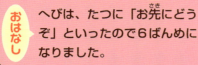

ひもはみじかめ

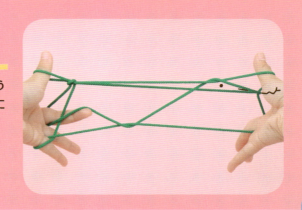

1
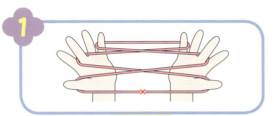

「中ゆびのかまえ」をする。おやゆびのひもをはずす。

2
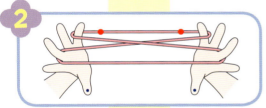

おやゆびのせで●をとる。

3
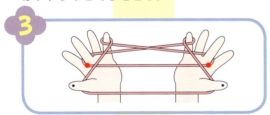

おやゆびのせで●をとる。

4
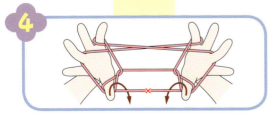

おやゆびをうちがわにたおして、×のひもだけをはずす。

5
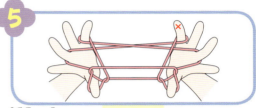

右手の小ゆびのひもをはずす。

6
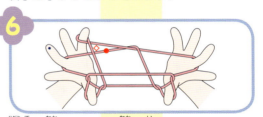

左手の中ゆびを◇の中に入れて、はらに●をかける。

7
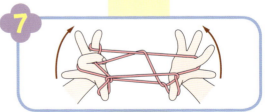

ゆび先をむこうがわにむける。

できあがり！
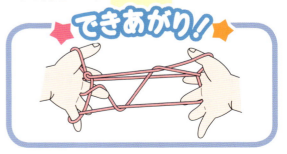

うま

おはなし　あしがはやいうまですが、とちゅうでよりみちをしたため、7ばんめでした。

レベル ★☆☆

ひもは みじかめ

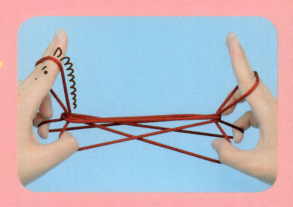

1
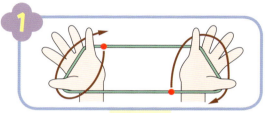

「きほんのかまえ」をする。●をおやゆびと小ゆびにかける。

ポイント

はんたいの手をつかってかけよう。

2

右手の人さしゆびと中ゆびのせで●をとる。
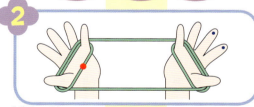

3
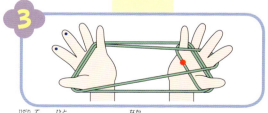

左手の人さしゆびと中ゆびのせで●をとる。

4
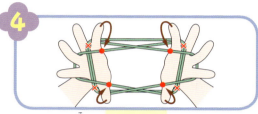

おやゆびと小ゆびのはらにかけるように●をおさえる。×のひもはしぜんにはずれる。

ポイント

おやゆびと小ゆびにかかっていたひもはしぜんにはずれるよ。

5
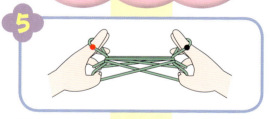

●のひもはながめ、●のひもはみじかめになるように、かたちをととのえる。

できあがり！
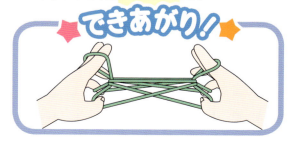

ひつじ

もこもこふわふわのひつじは
8ばんめです。

レベル ★★★　ひもはながめ

2. あやとりで　十二支ものがたり

うま・ひつじ

1
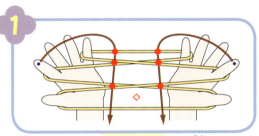

「人さしゆびのかまえ」をする。人さしゆびのはらでいちばんおくから●をとり、◇から出す。

4
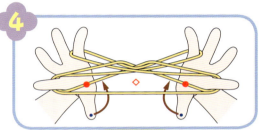

おやゆびを◇の中に下から入れ、はらで●をおさえる。

2
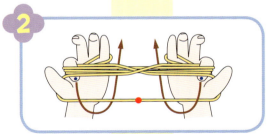

そのまま、人さしゆびのはらで上から●をとり、ゆびを立てる。

5
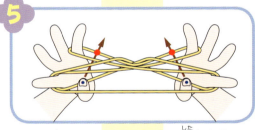

おやゆびのせで、ほかのひもの下をとおって●をとる。

3
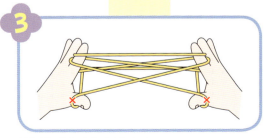

おやゆびのひもをはずす。

ポイント

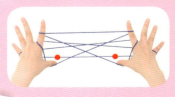

手のひらをむこうにむけると、●がとりやすいよ。

つぎのページにつづく

31

「ひつじ」のつづき

6
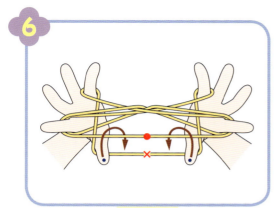

おやゆびのはらで、人さしゆびの上にかかっている●をとり、下にひく。×のひもはしぜんにはずれる。

7
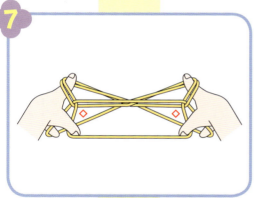

ゆび先をむこうがわにむけ、おやゆびを◇の中に入れる。

8
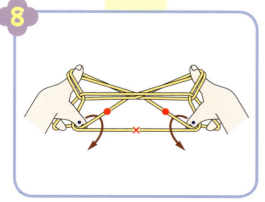

そのまま、おやゆびのせで●をとる。×のひもはしぜんにはずれる。

9
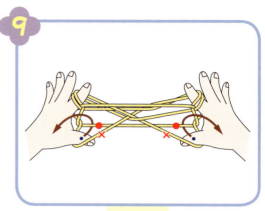

そのまま、おやゆびのせで●をとる。×のひもはしぜんにはずれる。

10
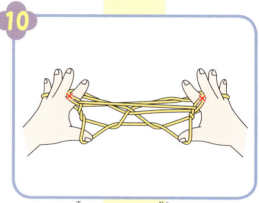

はんたいの手をつかって、人さしゆびのひもをすべてはずす。

11
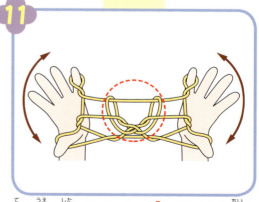

手を上や下にうごかして○のぶぶんを小さくする。

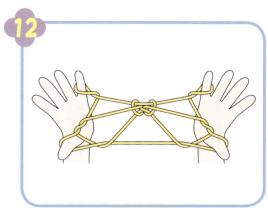

ひもをつくえの上において、ゆびからそっとはずす。

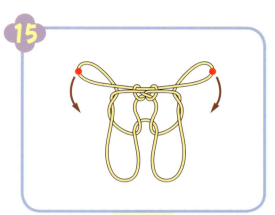

かたちがくずれないように●を下むきにひき出して、耳のかたちをととのえる。

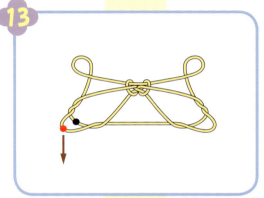

左手で●をかるくおさえながら右手で●を下にひき出す。

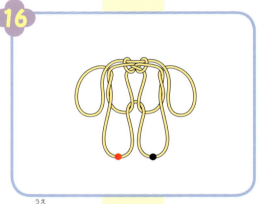

●の上に●をかさねる。

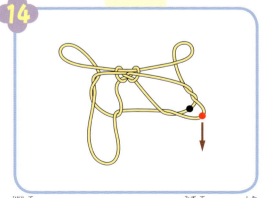

左手で●をかるくおさえながら右手で●を下にひき出す。

できあがり！

さる

さるはとちゅうで犬とけんかをしましたが、先にとうちゃくして9ばんめになりました。

レベル ★★☆

ひもはながめ

1
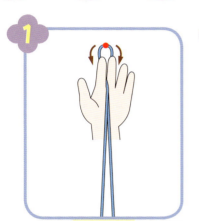
ひもを左手の人さしゆびと中ゆびにはさんでもち、●を左手の人さしゆびと中ゆびにかける。

3
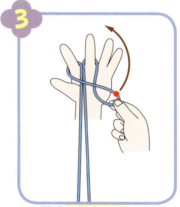
●を左手の人さしゆびと中ゆびにかける。かけたひもは 2 でかかっているひもの下にする。

5
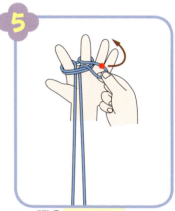
●を左手のくすりゆびにかける。

2
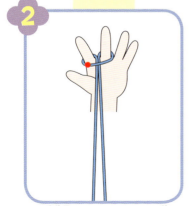
●を右手でつまんでひき出して、1かいねじる。

4
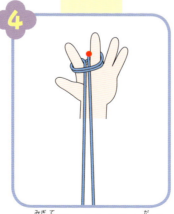
●を右手でつまんでひき出す。

6
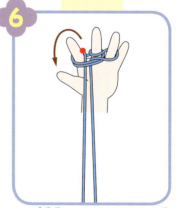
●を右手でつまんでひき出し、左手のおやゆびにかける。

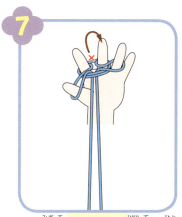

×を右手でつまみ、左手の人さしゆびと中ゆびからはずす。

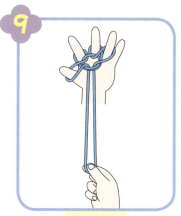

すべてのひもをゆびからはずし、かたちがくずれないようにつくえの上におく。

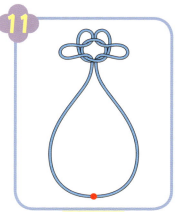

●をつまみ上げて、1かいねじる。

ポイント

手のこうからみて、いちばん下にかかっている×だけをはずそう。

ポイント

右手でまんなかをおさえると、はずしやすいよ。

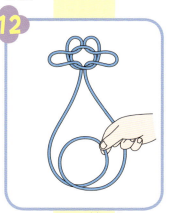

そのまま、わの中に入れるようにつくえの上におき、かたちをととのえる。

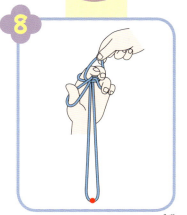

はずしているところ。●を右手で下にやさしくひっぱり、かたちをととのえる。

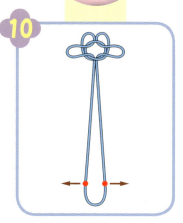

●をよこにひろげる。

できあがり！

2. あやとりで 十二支ものがたり　さる

35

とり

 とりは、けんかをしたさると犬のあいだに入ったので10ばんめです。

レベル ★★☆

ひもはながめ

1
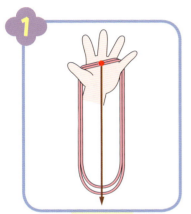

ひもを2じゅうにして左手のおやゆびと小ゆびにかける。●を2本とも下にひく。

3
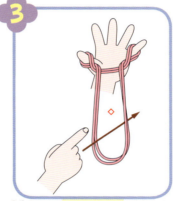

右手を手まえから◇の中に入れる。

5
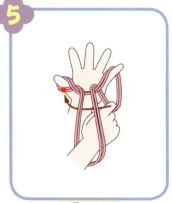

そのまま、手まえのわのうしろをとおり、●を2本ともひき出す。

2
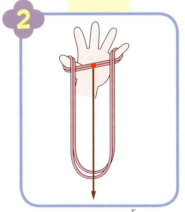

1でひいたひもの手まえになるように、●を2本とも下にひく。

4

右手の人さしゆびのはらで●を2本ともひき出す。

ポイント

ひき出しているところ。

6 そのまま、◇の中に入れて、右手の人さしゆびを手まえに出す。

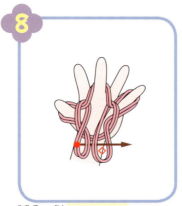

8 右手の人さしゆびのひもをはずし、●を2本とも◇の中から出す。

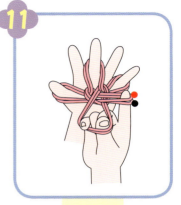

11 ●と●をすこしはなす。

2. あやとりで 十二支ものがたり

とり

ポイント
手まえに出しているところ。ひもがはずれないようにしよう。

9 右手の人さしゆびを、下から◇の中に入れる。

できあがり！

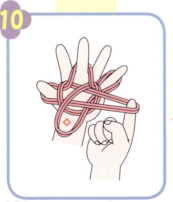

7 左手の中ゆびのせに●を2本ともかける。

10 右手のおやゆびと小ゆびを◇の中に入れて手まえにむかって出し、ひろげる。

ポイント
手まえにむかってゆびを出そう。

37

犬

おはなし 犬は、さるとけんかをしたため、11ばんめになりました。

レベル ★☆☆ ひもはみじかめ

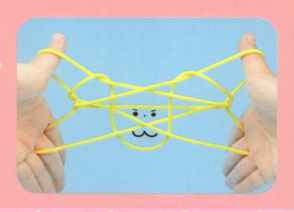

1
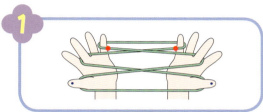
「中ゆびのかまえ」をする。おやゆびのせで●をとる。

2
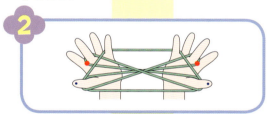
おやゆびのせで●をとる。

3
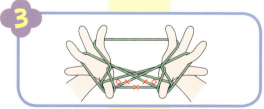
おやゆびを◇の中に入れて、×のひもをはずす。

4
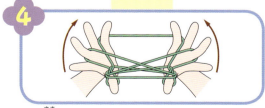
ゆび先をむこうがわにむける。

5
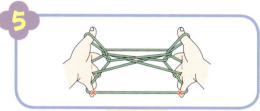
小ゆびのひもをはずす。

6
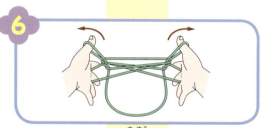
おやゆびをゆっくり左右にひろげる。

ポイント

耳ができるように、ゆっくりひろげよう。

できあがり！

いのしし

おはなし いのししは、さいごにいっしょうけんめいはしってきて12ばんめでした。

レベル ★★☆

ひもはながめ

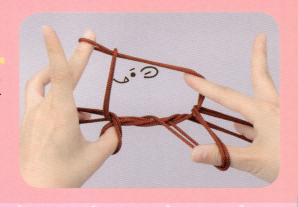

2. あやとりで 十二支ものがたり

犬・いのしし

1
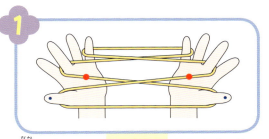

「中ゆびのかまえ」をする。おやゆびのせで●をとる。

2
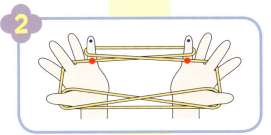

小ゆびのせで●をとる。

3
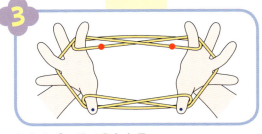

おやゆびのせで●をとる。

4
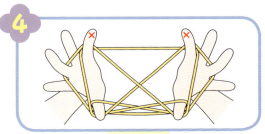

小ゆびのひもをすべてはずす。

5
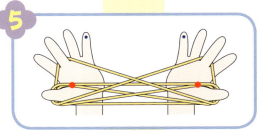

小ゆびのせで●を2本ともとる。

6
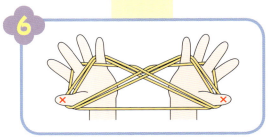

おやゆびのひもをすべてはずす。

▶ つぎのページにつづく

39

「いのしし」のつづき

7
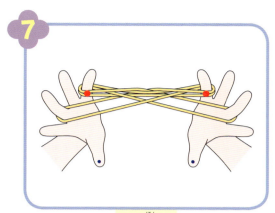
おやゆびのせで●を2本ともとる。

9
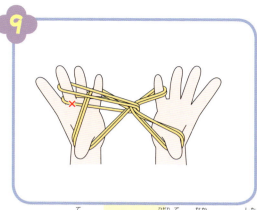
はんたいの手をつかって、左手の中ゆびの下の×のひもだけをはずす。

8
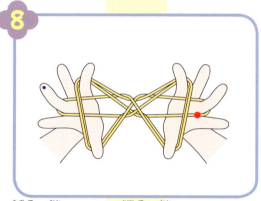
右手の中ゆびの●を左手の中ゆびにうつす。

10
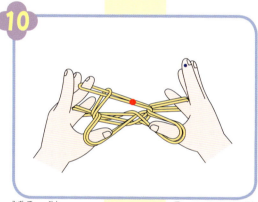
右手の人さしゆびのせに●を手まえから2本ともかける。

ポイント

うつすひもは、ゆびの上にかけよう。

できあがり！

3. あやとりで うらしまたろう

　むかしむかし、うらしまたろうという漁師がいました。
　ある日、たろうは子どもたちにいじめられていたかめを助けます。すると、かめがお礼に「りゅうぐう」に連れて行ってくれることになりました。
　たろうを背中にのせ、かめは海の中を泳いでいきます。しばらくすると、光かがやくりゅうぐうが見えました。美しいおとひめさまや魚たちがかんげいしてくれ、楽しいうたげが始まりました。
　それからあっという間に3年が経ち、たろうは自分の家に帰りたくなります。おとひめさまは残念がりましたが、おみやげに「玉手箱」をくれ、見送ってくれました。
　陸にもどると、あたりの様子はすっかり変わっていました。
　たろうが玉手箱を開けると、中からけむりがもくもくもく。箱の中はからっぽです。そのかわり、たろうの顔はしわしわ、かみもひげも真っ白。たろうは、おじいさんになってしまいました。

かめ

おはなし いじめられていたかめをたすけたうらしまたろう。かめのせなかにのって、うみのそこの「りゅうぐう」へいくことになりました。

レベル ★★☆

ひもは みじかめ

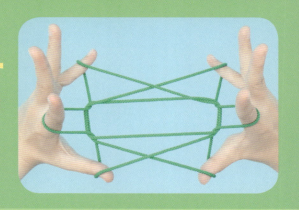

1
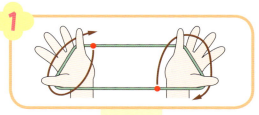

「きほんのかまえ」をする。●をおやゆびと小ゆびにかける。

ポイント

はんたいの手をつかってかけよう。

2
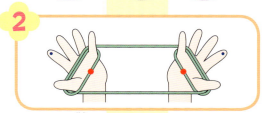

はんたいの人さしゆびのせで●をとりあう。

3
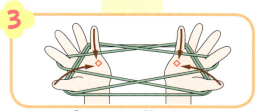

おやゆびと小ゆびを◇の中に入れる。

4
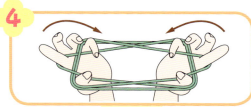

そのままりょう手を下にむけてひらく。

5
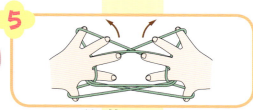

そのままゆび先を上にむける。

できあがり！
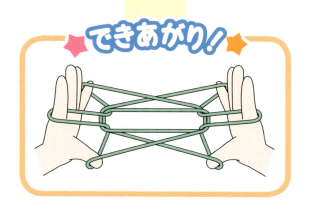

42

くらげ

くらげやさかながすむうみの中を、かめはぐんぐんとすすんでいきます。

ひもはながめ

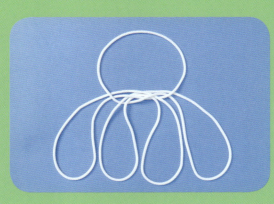

1
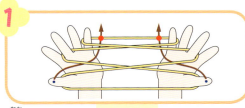

「中ゆびのかまえ」をする。おやゆびのせで、ほかのひもの下から●をとる。

ポイント

手のひらをむこうがわにむけると、●がとりやすいよ。

2
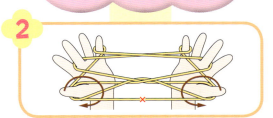

おやゆびをうちがわにたおして、×のひもだけをはずす。

3
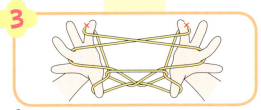

小ゆびからひもをはずす。

4
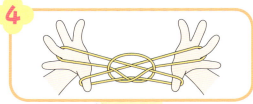

ひもをつくえの上において、ゆびからひもをそっとはずす。

5
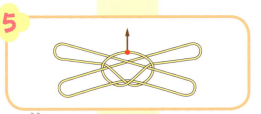

●を上にひっぱり、かたちをととのえる。

できあがり！

7つのダイヤモンド

おはなし キラキラ、ピカピカ、たくさんのダイヤモンドやほうせきがちりばめられた、とてもきれいなりゅうぐうにたどりつきました。

レベル ★★☆

ひもはみじかめ

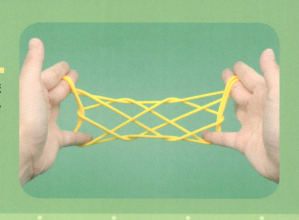

1
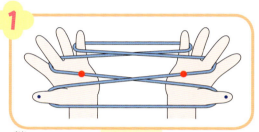

「中ゆびのかまえ」をする。おやゆびのはらで●をおさえる。

3
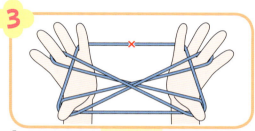

小ゆびのひもをはずす。

2
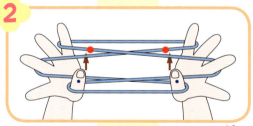

そのまま、おやゆびのせでほかのひもの下から●をとる。

4
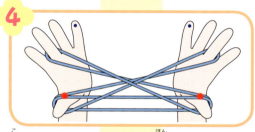

小ゆびのせで●のひもを2本ともとる。

ポイント

手まえのひもの下をとおって●だけをとろう。

5
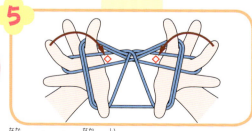

中ゆびを◇の中に入れる。

44

6

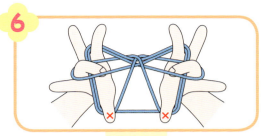

おやゆびのひもをすべてはずす。

ポイント

中ゆびのせにかかっているひもも、しぜんにはずれるよ。

7

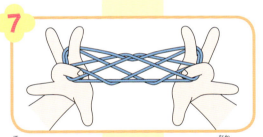

手のひらをこちらがわにむけながら、中ゆびを立てる。

できあがり！

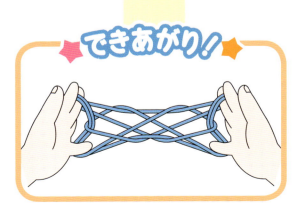

うわ～！とてもきれい！

あれがりゅうぐうです

3. あやとりで うらしまたろう

7つのダイヤモンド

さかな

おはなし　うらしまたろうは、うつくしいおとひめさまやさかなたちから、おもてなしをうけます。

レベル ★★☆

ひもは みじかめ

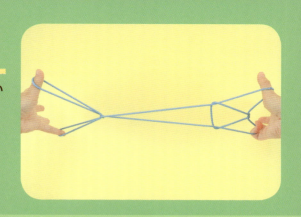

1

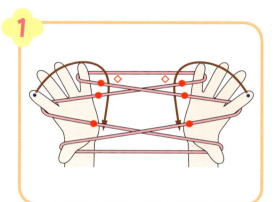

「人さしゆびのかまえ」をする。人さしゆびを◇の中に入れ、せで●のひもをまとめてとる。

2

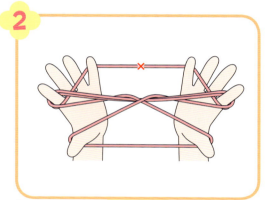

小ゆびのひもをはずす。はずしたひもはたるませておく。

ポイント

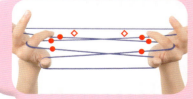

◇の中に入れたところ。そのまま●をとろう。

3

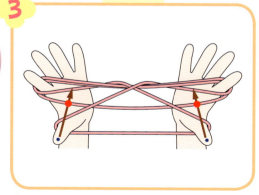

2ではずした●のひもを、おやゆびのせでとる。

46

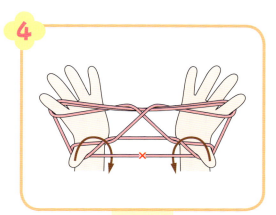

おやゆびをうちがわにたおし、×のひもだけをはずす。

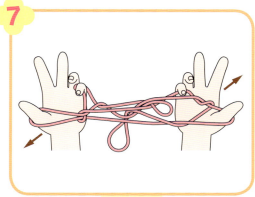

りょう手を左右にひろげてそっとひもをひきながら、ゆび先をむこうがわにむける。

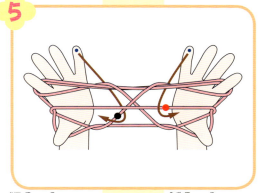

左手の小ゆびのはらで●を、右手の小ゆびのはらで●を、ほかのひもの下からとる。

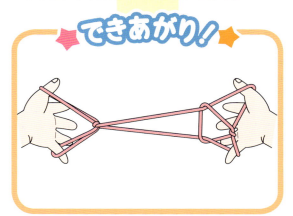

できあがり！

人さしゆびのひもをすべてはずす。

3. あやとりで うらしまたろう

さかな

せんす

おはなし うらしまたろうがいえにかえることになりました。おとひめさまは、せんすをかおにあててかなしみましたが、おみやげに「たまてばこ」をくれました。

レベル ★☆☆
ひもは みじかめ

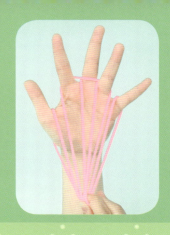

1
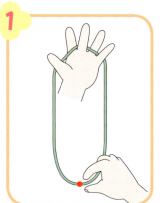

左手のおやゆびと中ゆび、小ゆびにひもをかける。右手で●をもつ。

3
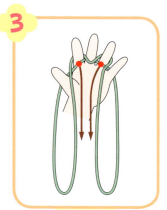

右手の人さしゆびと中ゆびで●をひっぱり出す。

できあがり！

2
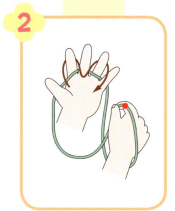

右手にもっているひもを、左手の人さしゆびとくすりゆびにかける。

4
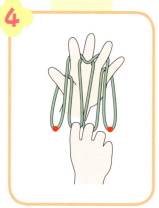

そのまま右手で●もいっしょにもつ。

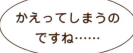
かえってしまうのですね……

いえ

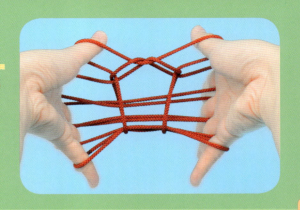

おはなし
りくにもどると見しらぬいえばかり。おちこんだうらしまたろうは、たまてばこをあけます。すると、あっというまにおじいさんになってしまいました。

レベル ★★★

ひもはながめ

1
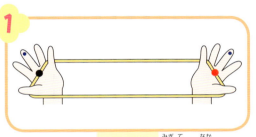

「きほんのかまえ」をする。右手の中ゆびに●を、左手の中ゆびに●をかける。

2
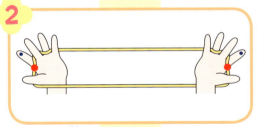

はんたいの人さしゆびのせで●をとりあう。

3
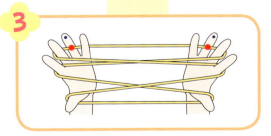

はんたいのくすりゆびのせで●をとりあう。

4
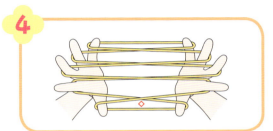

人さしゆび、中ゆび、くすりゆび、小ゆびを◇の中に入れて、ひもをにぎる。

5
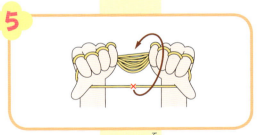

×をおやゆびからはずし、手のこうへまわす。

ポイント

まわしているとちゅう。手のこうにかかるように、ひもをくるりとまわそう。

つぎのページにつづく

3. あやとりで うらしまたろう

せんす・いえ

「いえ」のつづき

6
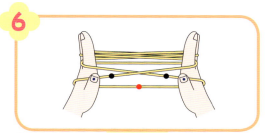
手のひらをむかいあわせておやゆびのはらで●をおさえ、そのままいちばんおくの●をおやゆびのせでとる。

8
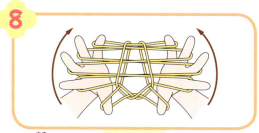
ゆび先をむこうがわにむける。

ポイント

おくのひもをとっているところ。ほかのひもをとらないようにきをつけよう。

できあがり！

7
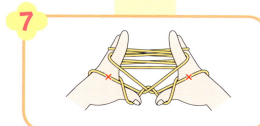
手のこうにかかっているひもを、はんたいの手をつかってはずす。

ポイント

ゆびをそろえて、ほかのひもがはずれないようにしよう。

4. あやとりで
おりひめとひこぼし

　むかしむかし、天空では、天の神さまのむすめのおりひめがはたおりの仕事をしていました。おりひめがつくる布はとても美しく、天の神さまをよろこばせていました。天の神さまは、働き者の牛かいのひこぼしを、おりひめのけっこん相手に選びました。

　おりひめとひこぼしは仲がいいあまり、次第にそれぞれの仕事をなまけるようになりました。それにおこった天の神さまは、二人を天の川の両側に引きはなしてしまいます。

　二人は悲しくて、毎日泣いていました。そんな二人をかわいそうに思った天の神さまは、一年に一度、七月七日の夜だけ会うことをゆるしました。晴れた夜にだけ、かささぎが羽を広げて橋のかわりになり、二人は会うことができるのです。

 きらきらぼし……52ページ　　 はたおり……53ページ　　 川……55ページ

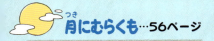 月にむらくも……56ページ　　 かささぎ……57ページ

きらきらぼし

おはなし　ほしがかがやく天空で、天のかみさまのむすめのおりひめと、うしつかいのひこぼしはけっこんすることになりました。

レベル ★★☆

ひもは みじかめ

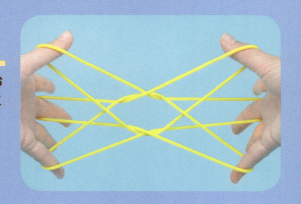

1
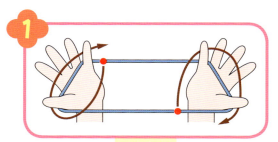

「きほんのかまえ」をする。●をおやゆびと小ゆびにかける。

2
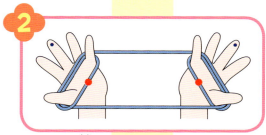

はんたいの中ゆびのせで●をとりあう。

3
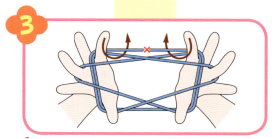

小ゆびをうちがわにたおして、×のひもだけをはずす。

4
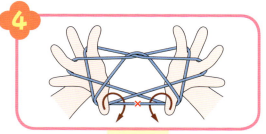

おやゆびをうちがわにたおして、×のひもだけをはずす。

5
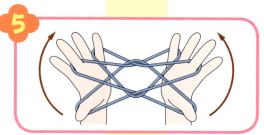

ゆび先をむこうがわにむける。

できあがり！
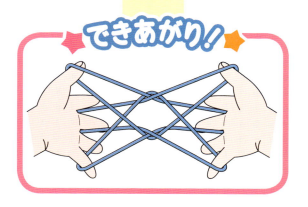

52

はたおり

うごく

おはなし ふたりはなかがいいあまり、おりひめははたおりのしごとを、ひこぼしはうしかいのしごとをなまけるようになります。

レベル ★☆☆

ひもはながめ

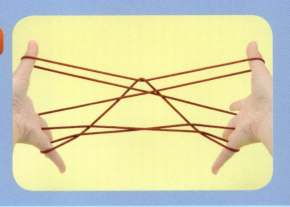

4. あやとりで　おりひめとひこぼし

きらきらぼし・はたおり

1
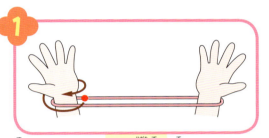

手くびにひもをかけ、左手の手くびに●をまく。

2
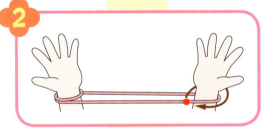

右の手くびに●のひもをまく。

ポイント

❶はおくのひも、❷は手まえのひもをまこう。

3
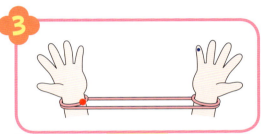

右手の小ゆびのせで●をとる。

4
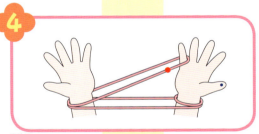

右手のおやゆびのせで●をとる。

5
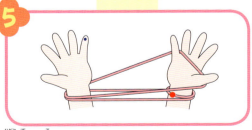

左手の小ゆびのせで●をとる。

つぎのページにつづく

「はたおり」のつづき

6

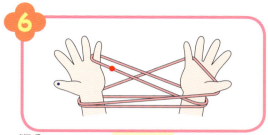

左手のおやゆびのせで●をとる。

7

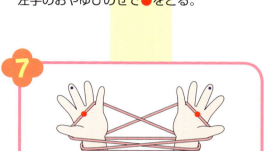

はんたいの中ゆびのせで●をとりあう。

8

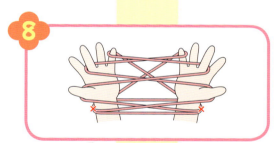

はんたいの手をつかって、手くびにかかっている2本のひもをはずす。

ポイント

ゆびをそろえて、ほかのひもがはずれないようにそっととろう。

できあがり！

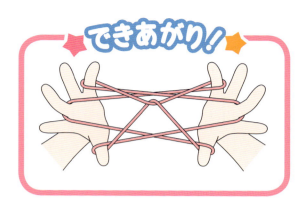

あそびかた

さんかくのかたちがうごくようすが、はたおりきみたい！

おやゆびどうしをちかづけて、ぎっこん。

小ゆびどうしをちかづけて、ばったん。

しごとをするよりもふたりでいるほうがずっとたのしい！

川

おはなし おこったかみさまは、ふたりを天の川のはしとはしにひきはなし、七月七日にしかあえないようにしてしまいました。

レベル ★☆☆

ひもは ながめ

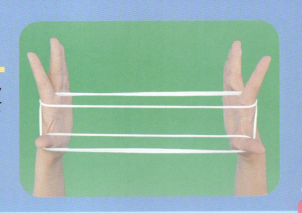

1
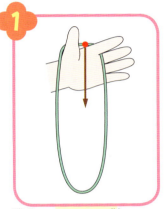

左手のおやゆびと人さしゆびにひもをかける。右手で●を下にひく。

2
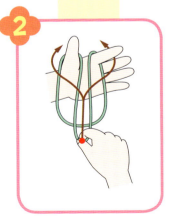

ひいたひもをつまんだまま、左手のおやゆびと人さしゆびに●をそとがわからかける。

3
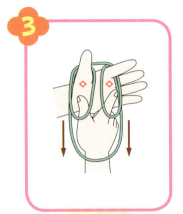

右手のおやゆびと人さしゆびを◇の中に下から入れて、そのまま下にひく。

4

右手を上におこす。

できあがり！

ひこぼし……

おりひめ……

4. あやとりで おりひめとひこぼし はたおり・川

月にむらくも

おはなし しかし、月にくもがかかっていたり、雨がふったりして天気がわるい日は、ふたりはあうことはできません。

レベル ★★☆

ひもは みじかめ

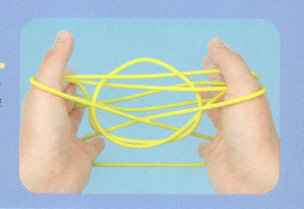

1

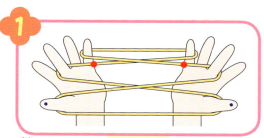

「中ゆびのかまえ」をする。おやゆびのせで●をとる。

2

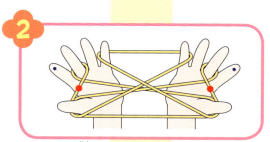

はんたいの人さしゆびのせで●をとりあう。

3

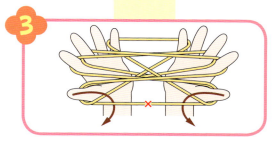

おやゆびをうちがわにたおし、×のひもだけをそっとはずす。

4

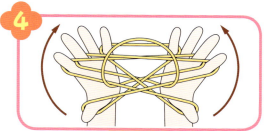

ゆび先をむこうがわにむける。

できあがり！

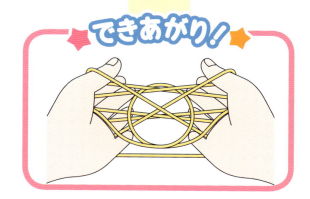

ことしは あえないわ……

かささぎ

おはなし 天気がよい日には、かささぎがはねをひろげて天の川にはしをつくり、おりひめとひこぼしはあうことができるのです。

レベル ★★★ ひもはながめ

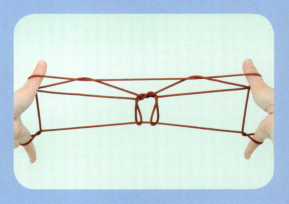

1
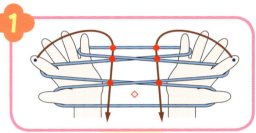

「人さしゆびのかまえ」をする。人さしゆびのはらでいちばんおくから●をとり、◇の中から出す。

4
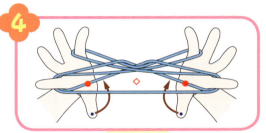

おやゆびを◇の中に下から入れ、はらで●をおさえる。

2
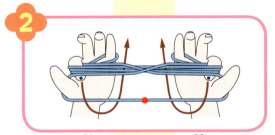

そのまま、人さしゆびのはらで上から●をとり、ゆびを立てる。

5
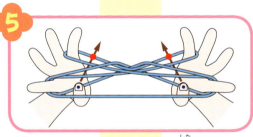

おやゆびのせで、ほかのひもの下をとおって●をとる。

3
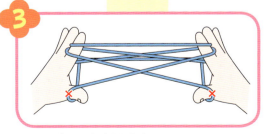

おやゆびのひもをはずす。

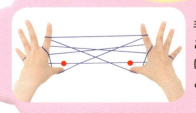

手のひらをむこうがわにむけると、●がとりやすいよ。

4. あやとりで おりひめとひこぼし 月にむらくも・かささぎ

つぎのページにつづく

57

「かささぎ」のつづき

6
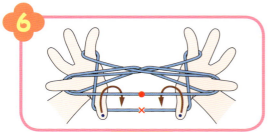
おやゆびのはらで、人さしゆびの上にかかっている●をとり、下にひく。×のひもはしぜんにはずれる。

7
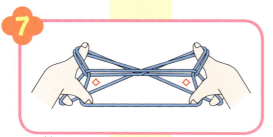
ゆび先をむこうがわにむけ、おやゆびを◇の中に入れる。

8
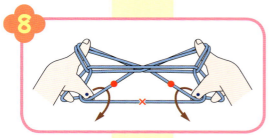
そのまま、おやゆびのせで●をとる。×のひもはしぜんにはずれる。

9

そのまま、おやゆびのせで●をとる。×のひもはしぜんにはずれる。

10
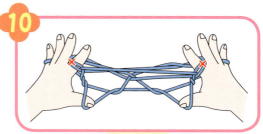
はんたいの手をつかって、人さしゆびのひもをすべてはずす。

11
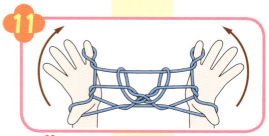
ゆび先をむこうがわにむける。

できあがり！
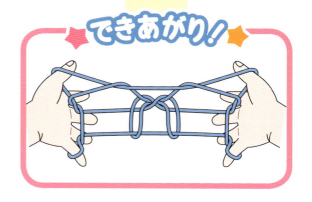

5. 人気のあやとり

むかしからつたわるあやとりなど、
たのしいあやとりが大しゅうごう！

ほうき

マジックもできる、おもしろいあやとり！

レベル

ひもは
みじかめ

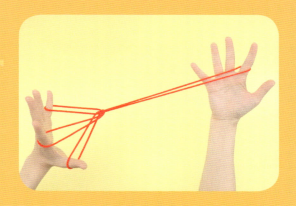

1
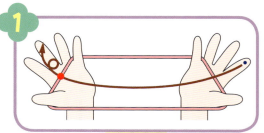

「きほんのかまえ」をする。右手の人さしゆびのせで●をとって、ひもを1かいねじる。

3
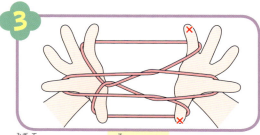

右手のおやゆびと小ゆびからひもをはずす。

ポイント

人さしゆびのせで●をとってから、ゆびをくるんと1かいまわしてね。

できあがり！
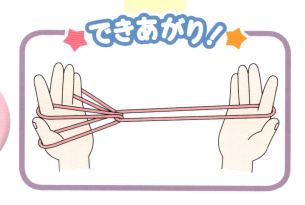

2
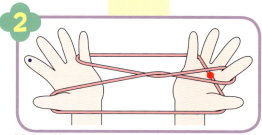

左手の人さしゆびのせで●をとる。

あそびかた

ぱん！

❷のあと、りょう手を「ぱん！」とあわせてから、右手のおやゆびと小ゆびからひもをはずして、マジックみたいにあそぼう！

ゴム

のばしたりちぢめたりしてたのしもう。

レベル ★☆☆

ひもは みじかめ

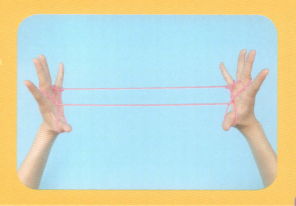

5. 人気のあやとり

ほうき・ゴム

1
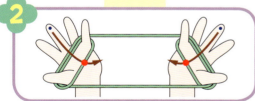

「きほんのかまえ」をする。●をおやゆびと小ゆびにかける。

ポイント

はんたいの手をつかってかけよう。

2
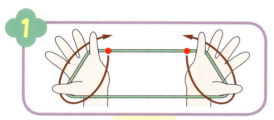

中ゆびのせで●をとる。

3
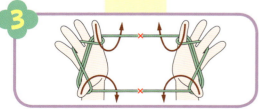

おやゆびと小ゆびをうちがわにたおして、×のひもだけをはずす。

できあがり！
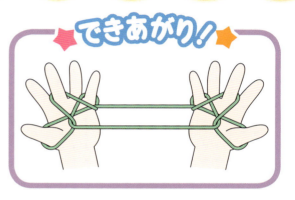

あそびかた

\ びよ———ん //
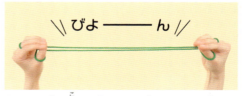

おやゆびと小ゆびをちかづけると、びよ〜んとのびる！

\ キュッ！ //

おやゆびと小ゆびをひらくと、キュッとちぢむ！

61

バナナ

4本のバナナがとってもおいしそう。

レベル

ひもは
みじかめ

1

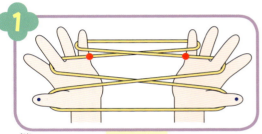

「中ゆびのかまえ」をする。おやゆびのせで●をとる。

2

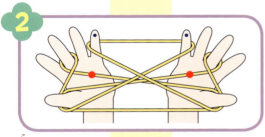

小ゆびのせで●をとる。

3

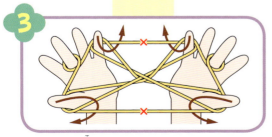

おやゆびと小ゆびをうちがわにたおし、×のひもだけをはずす。

4

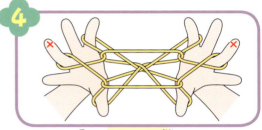

はんたいの手をつかって、中ゆびのひもをはずす。

5

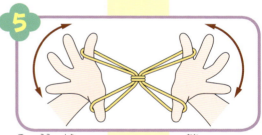

手を上や下にうごかして、まん中にむすびめをつくる。ゆびからひもをはずし、つくえの上において、かたちをととのえる。

できあがり！

ふじさん

日本一たかい山にちょうせん！

レベル

ひもはながめ

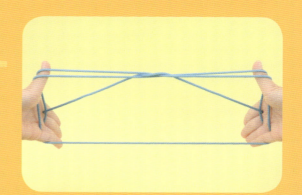

1
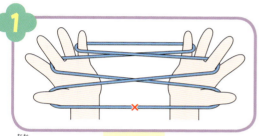

「中ゆびのかまえ」をする。おやゆびからひもをはずす。

2
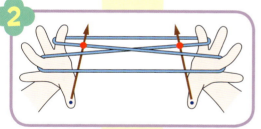

おやゆびのせで、ほかのひもの下から●をとる。

3
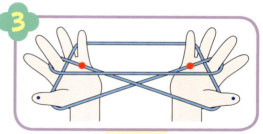

おやゆびのせで●をとる。

4
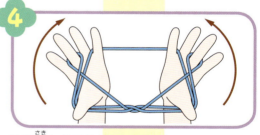

ゆび先をむこうがわにむける。

ポイント

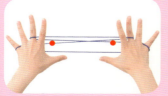

手のひらをむこうがわにむけると、●がとりやすいよ。

できあがり！

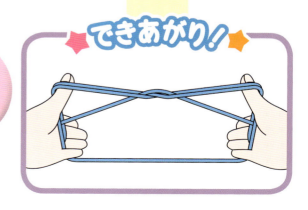

人気のあやとり　バナナ・ふじさん

かたつむり

ぐるぐるうずまきをじょうずにつくろう。

レベル

ひもは
ながめ

1

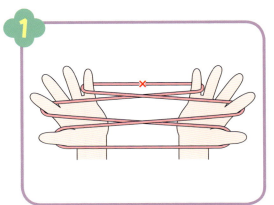

「人さしゆびのかまえ」をする。小ゆびから
ひもをはずし、下にたるませておく。

2

❷でかたつむりの
うずまきのぶぶんを
つくっているんだね！

ポイント

まきつけているところ。いきおいをつけて、ひもをまわそう。

りょう手をうごかし、●のひもをほかのひも
にぐるぐるとまきつける。

64

3
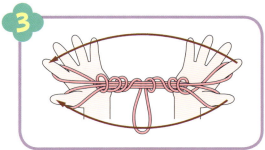
右手のひもをそれぞれ左手にうつす。

6

りょう手をよこにひろげて、かたちをととのえる。

ポイント

ひもをうつすときは、ゆっくりと。

ポイント

うずまきがくずれないように、ゆっくりよこにひろげよう。

4

●のひも2本を右手のおやゆびと人さしゆびでもつ。

5
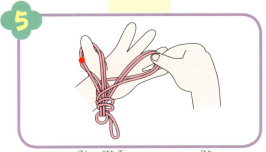
●のひも2本を左手のおやゆびと人さしゆびでもつ。

できあがり！
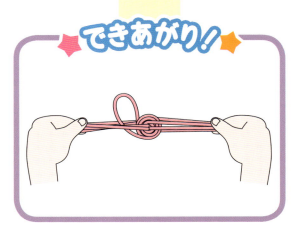

5. 人気のあやとり　かたつむり

花(はな)

たくさんつくってかざってみよう。

レベル

ひもは
ながめ

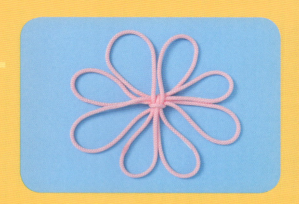

1

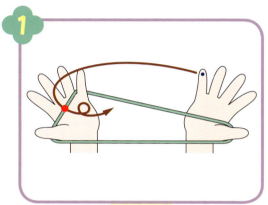

左手のおやゆびと小ゆび、右手のおやゆびにひもをかける。右手の小ゆびのはらで●をとって1かいねじる。

2

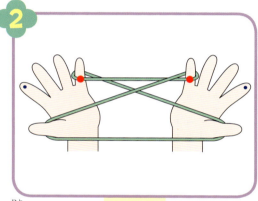

人さしゆびのせで●をとる。

ポイント

小ゆびのはらで●をとってから、ゆびをくるんと1かいまわしてね。

3

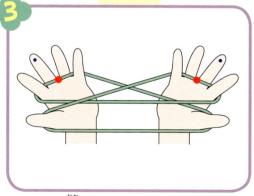

はんたいの中ゆびのせで●をとりあう。

4

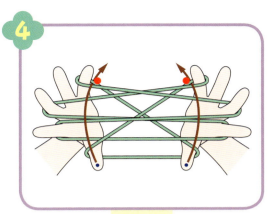

おやゆびのせで●をとる。

5

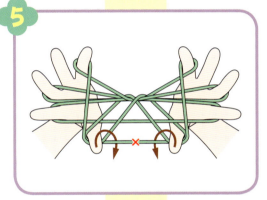

おやゆびをうちがわにたおして、×のひもだけをはずす。

6

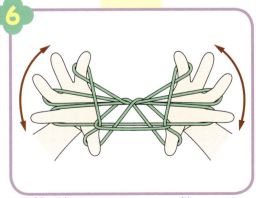

手を上や下にうごかして、まん中にむすびめをつくる。

7

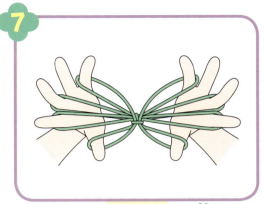

ゆびからひもをはずしてつくえの上におき、かたちをととのえる。

できあがり！

きれいな花ができたかな？

5. 人気のあやとり 花

花かご

さいごにかたちがくずれないようにきをつけて！

レベル

ひもは ながめ

1
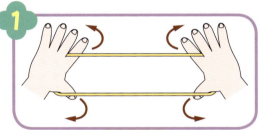

おやゆびと人さしゆびをひもの上から入れて、りょう手を手まえにかえす。

2
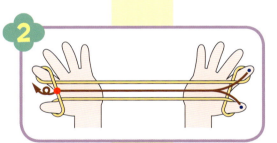

右手のおやゆびと人さしゆびで●をつまんで、1かいねじる。

ポイント

ひもをつまんでから、くるんとねじろう。

3
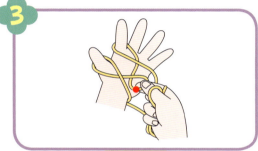

そのまま、●のわを右手のおやゆびと人さしゆびにかける。

4
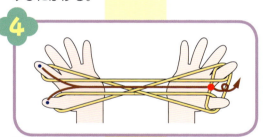

左手のおやゆびと人さしゆびで●をつまんで、1かいねじる。

5
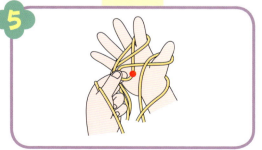

そのまま、●のわを左手のおやゆびと人さしゆびにかける。

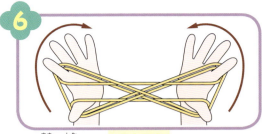

ゆび先を下にむけて、ゆびからひもをそっとはずし、つくえの上におく。

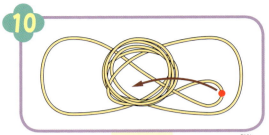

おなじように、●をおりかえして、まん中におく。

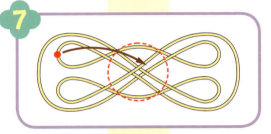

●をおりかえして、まるいかたちになるようにまん中におく。

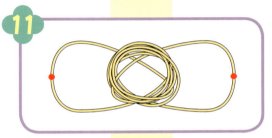

●をそっともちあげる。

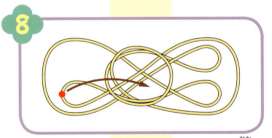

おなじように、●をおりかえして、まん中におく。

できあがり！

おなじように、●をおりかえして、まん中におく。

めがね

めがねをかけて、いつもとちがうきぶんに♪

レベル ★★☆

ひもは みじかめ

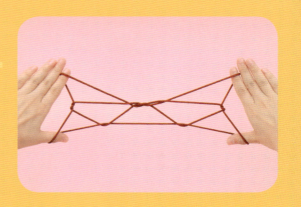

1
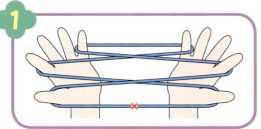

「人さしゆびのかまえ」をする。おやゆびのひもをはずす。

2
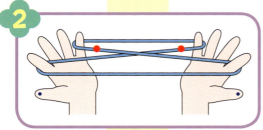

おやゆびのせで●をとる。

3
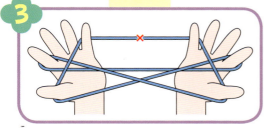

小ゆびのひもをはずす。

4
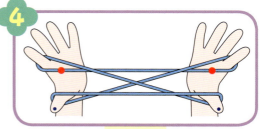

おやゆびのせで●をとる。

5
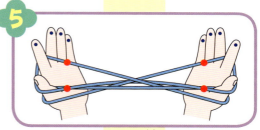

おやゆびにかかっている下のひもいがいのすべてのひもを、人さしゆび、中ゆび、くすりゆび、小ゆびでにぎる。

6
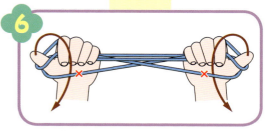

おやゆびをうちがわにたおして×のひもだけをはずし、すべてのゆびを立てる。

7

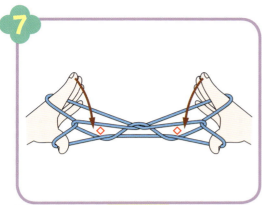

人さしゆびを◇の中に入れる。

9

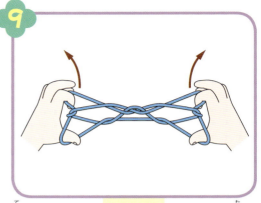

手のひらをむこうがわにむけて、ゆびを立てる。

8

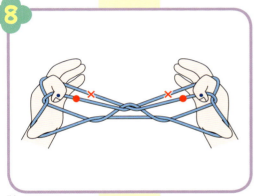

人さしゆびのはらで●をおさえ、そのまま×のひもをはずす。

できあがり！

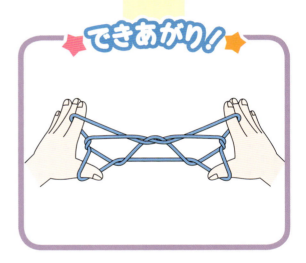

5. 人気のあやとり

めがね

ポイント

あわてずに、ゆっくり×をはずそう。

まん中のすきまを目にあててあそぼう！

とうきょうタワー

さいごにひもをピンとはると、かっこいいよ。

レベル

ひもは みじかめ

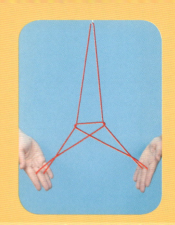

1
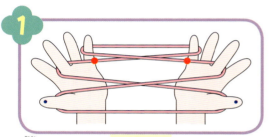

「中ゆびのかまえ」をする。おやゆびのせで●をとる。

2
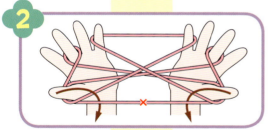

おやゆびをうちがわにたおして、×のひもだけをはずす。

3
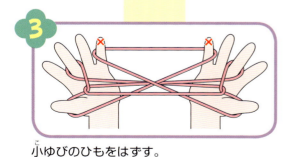

小ゆびのひもをはずす。

4
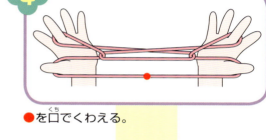

●を口でくわえる。

5
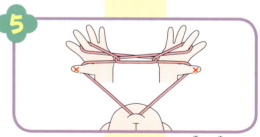

おやゆびのひもをはずし、りょう手を下げる。

できあがり！

1だんばしご

まん中のダイヤが、だんさをあらわしているよ。

レベル ★★☆

ひもは みじかめ

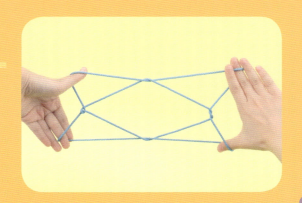

5. 人気のあやとり　とうきょうタワー・1だんばしご

1
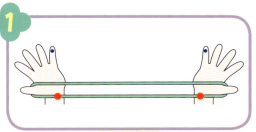
りょう手のおやゆびにひもをかける。小ゆびのせで●をとる。

2
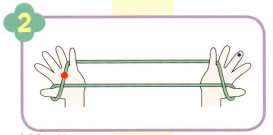
右手の中ゆびのせで●をとる。

3
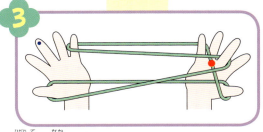
左手の中ゆびのせで●をとる。

4
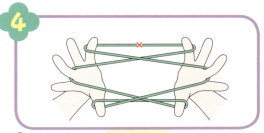
小ゆびのひもをはずす。

5
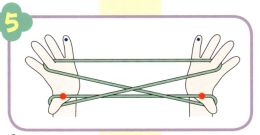
小ゆびのせで●をとる。

6
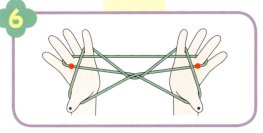
おやゆびのせで●をとる。

つぎのページにつづく

73

「1だんばしご」のつづき

7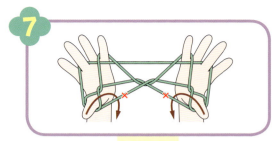
おやゆびをうちがわにたおして、×のひもだけをはずす。

11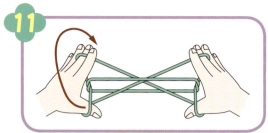
左手のゆび先を下にむけ、手のひらを手まえがわにむける。

8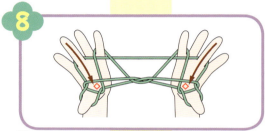
中ゆびを◇の中に入れる。

できあがり！

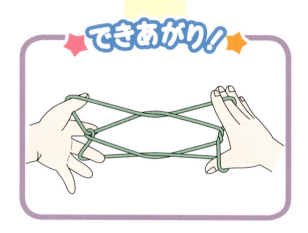

9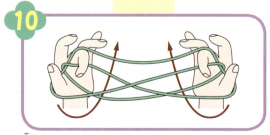
小ゆびのひもをはずす。

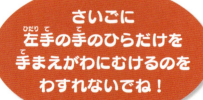
さいごに左手の手のひらだけを手まえがわにむけるのをわすれないでね！

10
手のひらをむこうがわにむける。

2だんばしご

みじかめのひもでつくると、きれいにできるよ。

レベル

ひもは みじかめ

5.

人気のあやとり

1だんばしご・2だんばしご

1
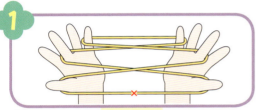

「中ゆびのかまえ」をする。おやゆびのひもをはずす。

2
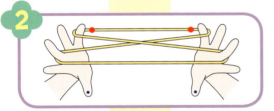

おやゆびのせで●をとる。

3
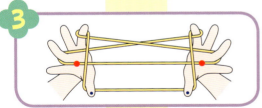

おやゆびのせで●をとる。

4
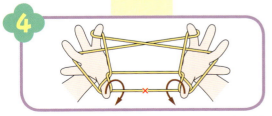

おやゆびをうちがわにたおして、×のひもだけをはずす。

5
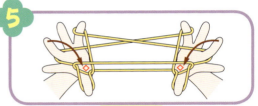

中ゆびを◇の中に入れる。

6
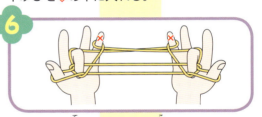

はんたいの手をつかって、小ゆびのひもをはずす。

7
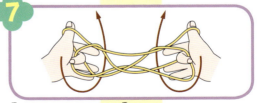

手をひらきながら、手のひらをむこうがわにむける。

できあがり！

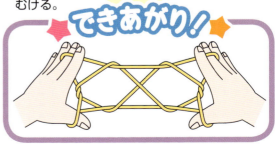

75

3だんばしご

下からひもをとるときは、ていねいにとるのがポイント！

レベル

ひもは
みじかめ

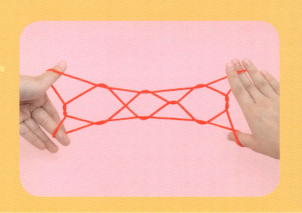

1
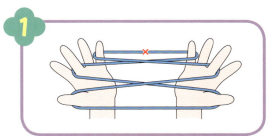

「中ゆびのかまえ」をする。小ゆびのひもをはずす。

3
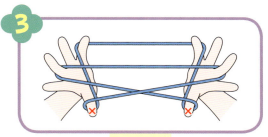

おやゆびのひもをはずす。

2
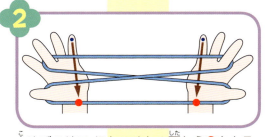

小ゆびのせで、ほかのひもの下から●をとる。

4
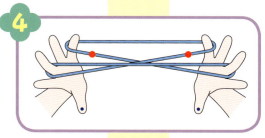

おやゆびのせで●をとる。

ポイント
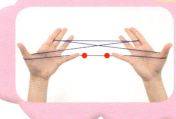

手のひらを手まえがわにむけて、小ゆびをのばすととりやすいよ。

5
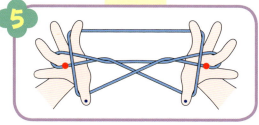

おやゆびのせで●をとる。

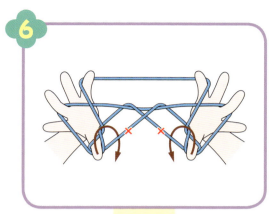

おやゆびをうちがわにたおして、×のひもだけをはずす。

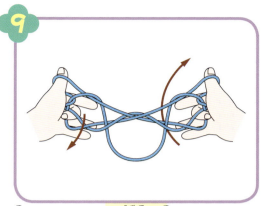

手をひらきながら、右手の手のひらはむこうがわに、左手の手のひらは手まえがわにむける。

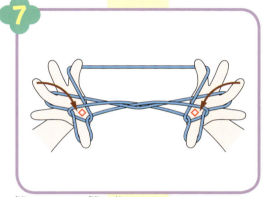

中ゆびを◇の中に入れる。

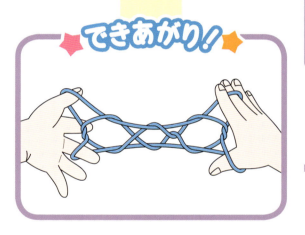

できあがり！

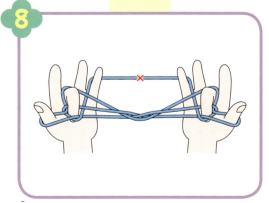

小ゆびのひもをはずす。

4・5・6だんばしごにもチャレンジしてみてね～

5. 人気のあやとり

3だんばしご

77

4だんばしご

4だんをマスターすると、5・6だんもできるよ！

レベル

ひもは
ながめ

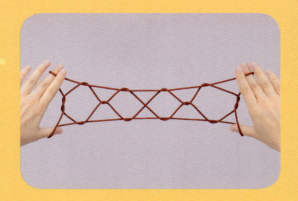

1
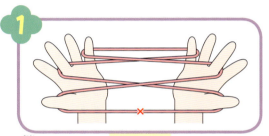

「中ゆびのかまえ」をする。おやゆびのひもをはずす。

4
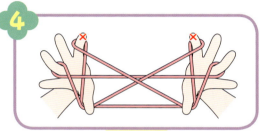

はんたいの手をつかって、小ゆびのひもをはずす。

2
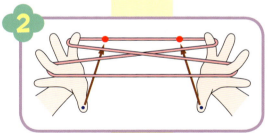

おやゆびのせで、下から●をとる。

5
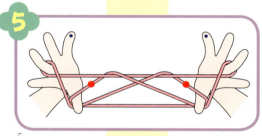

小ゆびのせで●をとる。

3
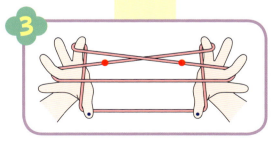

おやゆびのせで●をとる。

6
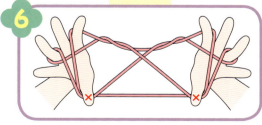

おやゆびのひもをすべてはずす。

7

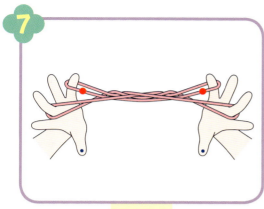

おやゆびのせで●をとる。

10

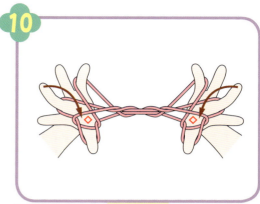

中ゆびを◇の中に入れる。

8

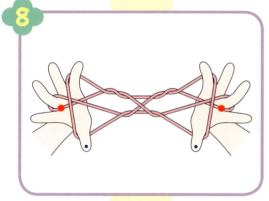

おやゆびのせで●をとる。

11

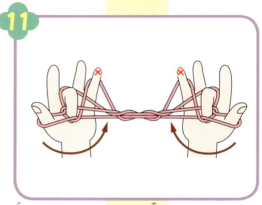

小ゆびのひもをはずし、手をひらきながら、手のひらをむこうがわにむける。

9

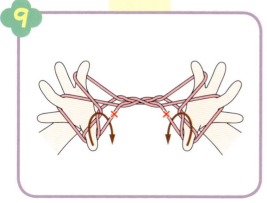

おやゆびをうちがわにたおして、×のひもだけをはずす。

できあがり！

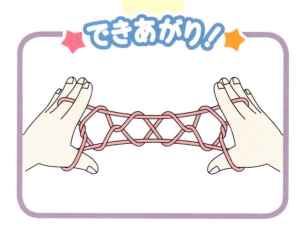

5だんばしご

4だんばしごのとちゅうでひもをひねってかんせい！

レベル
★★★

ひもはながめ

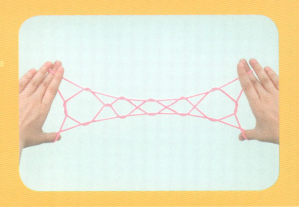

78ページ「4だんばしご」 ① 〜 ⑥ までをする。

7

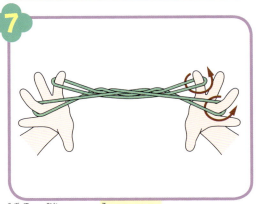

右手の中ゆびと小ゆびを1かいずつまわして、ひもをねじる。

8

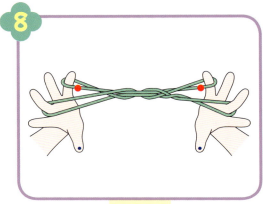

おやゆびのせで●をとる。

ポイント

左手のおやゆびと人さしゆびでねじるひもをつまんでおくと、ゆびをまわしやすいよ。

9

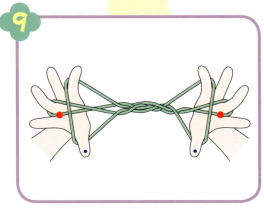

おやゆびのせで●をとる。

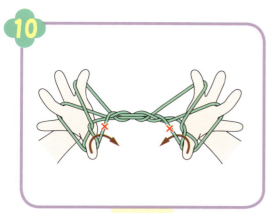

おやゆびをうちがわにたおして、×のひもだけをはずす。

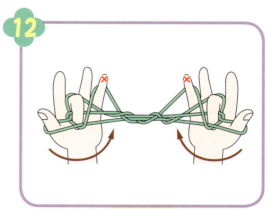

小ゆびのひもをはずし、手をひらきながら、手のひらをむこうがわにむける。

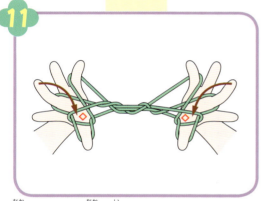

中ゆびを◇の中に入れる。

できあがり！

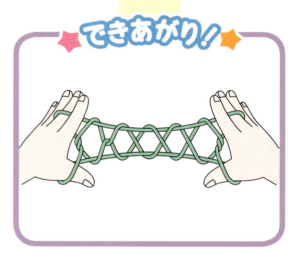

5. 人気のあやとり

5 だんばしご

つぎは「6だんばしご」！

6だんばしご

ひもをひねるときは、はんたいの手もつかおう！

レベル ★★★

ひもは
ながめ

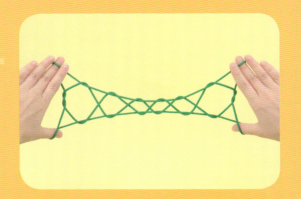

78ページ「4だんばしご」 ① ～ ⑥ までをする。

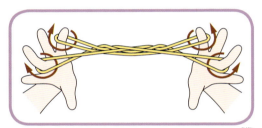

80ページ「5だんばしご」の ⑦ をして、左手の中ゆびと小ゆびも1かいずつまわして、ひもをねじる。 ③ ～ ⑫ は「5だんばしご」とおなじようにする。

できあがり！

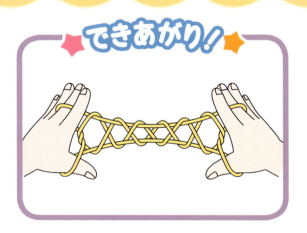

はしごシリーズ

1～6だんまでのはしごをつづけてつくってみよう！

1だんばしご

73ページ

2だんばしご

75ページ

3だんばしご
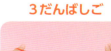
76ページ

4だんばしご

78ページ

5だんばしご
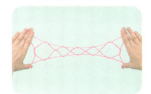
80ページ

6だんばしご

82ページ

かがにげた！

おはなしのようにあそべるあやとりだよ。

レベル ★☆☆

ひもは
みじかめ

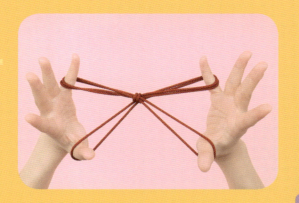

1
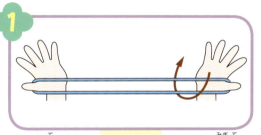

りょう手のおやゆびにひもをかける。右手の手のひらにひも2本をかけるようにかえし、1かいまわす。

2
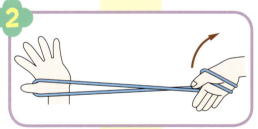

まわしているところ。手のこうと手くびにひもがかかる。

3
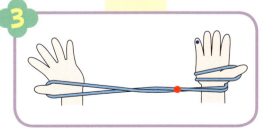

右手の小ゆびのせで●のひもを2本ともとる。

4
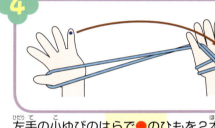

左手の小ゆびのはらで●のひもを2本ともとる。

ポイント

ひもの上からゆびを入れて、はらにひっかけよう。

5
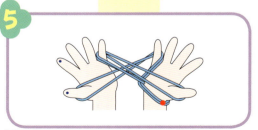

右の手くびにかかっている●を左手のおやゆびと人さしゆびでつまむ。

つぎのページにつづく ▶

「かがにげた！」のつづき

6

そのまま右の手くびから×をはずす。

ポイント

右手のゆびをそろえると、はずしやすいよ。

7
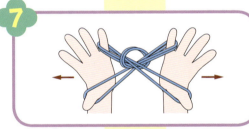
りょう手をよこにひろげてひもをひっぱり、まん中にむすびめをつくる。

できあがり！
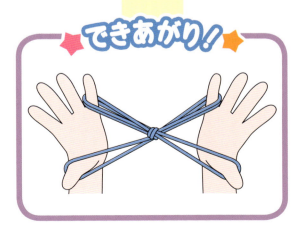

あそびかた

りょう手をあわせて、小ゆびのひもをはずして手をひろげると……

かをつかまえた！

もういちどりょう手をあわせて、大きく手をひろげると……

かがにげた！

あおむしダンス うごく

あおむしがノリノリでダンスするよ。

レベル ★★★

ひもはながめ

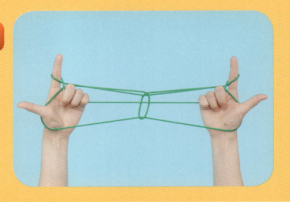

1
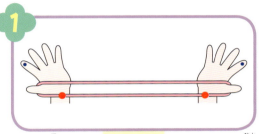

りょう手のおやゆびにひもをかける。●を人さしゆびのせでとる。

2
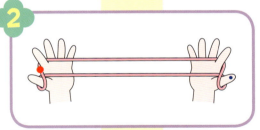

右手のおやゆびのせで●をとる。

3
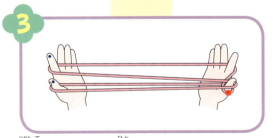

左手のおやゆびと人さしゆびで●をつまんでひき出す。

4
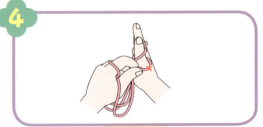

そのまま、ひき出した×を右手のおやゆびからはずし、そのひもを口にくわえる。

5
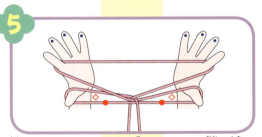

中ゆび、くすりゆび、小ゆびを◇の中に下から入れ、●をにぎる。

6
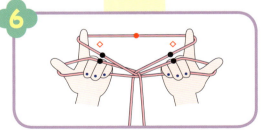

そのまま、中ゆび、くすりゆび、小ゆびを●の上になるようにのばして◇の中に入れ、ゆびのはらに●がかかるようにする。

つぎのページにつづく

「あおむしダンス」のつづき

7
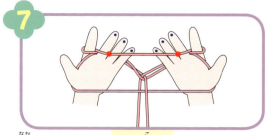
中ゆび、くすりゆび、小ゆびで●をにぎる。

8
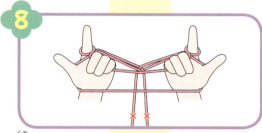
口にくわえたひもをはずす。

9
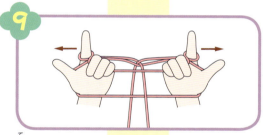
手をよこにひろげる。

できあがり！
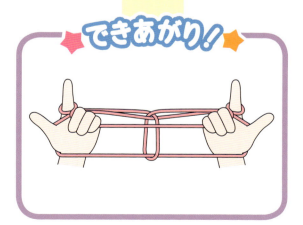

あそびかた

おやゆびを右や左にうごかして、あおむしをダンスさせよう。

右にダンス♪

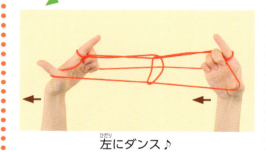
左にダンス♪

あおむしといっしょにおどりたくなっちゃうね♪

6. マジックあやとり

びっくり！　ふしぎ！　マジックのようなあやとりを
しょうかいするよ。

てじょうはずし

ふたりでもひとりでもたのしくあそべるよ。

レベル ★☆☆

ひもはながめ

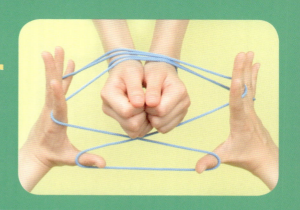

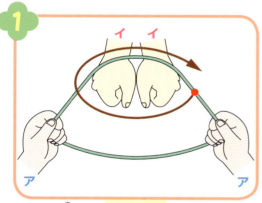

アが**イ**の手くびにひもをかけ、●を1かいまく。

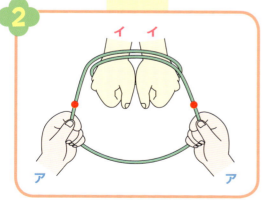

アはじぶんのりょう手のおやゆびと小ゆびに●をかける。

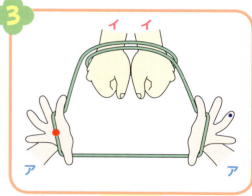

アは右手の中ゆびのせで●をとる。

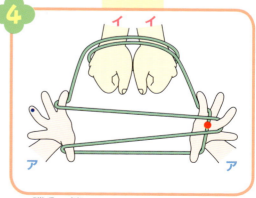

アは左手の中ゆびのせで●をとる。

5

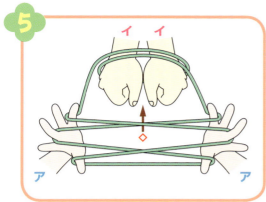

アはイの手を◇の中に上から入れる。

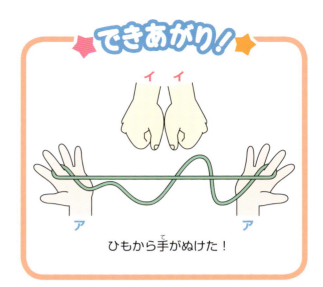

できあがり！

ひもから手がぬけた！

6

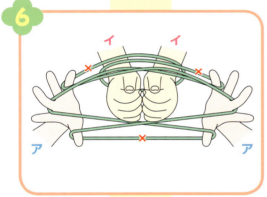

アはおやゆびと小ゆびからひもをはずす。

7

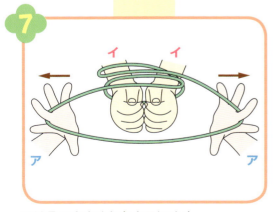

アはそのままひもをよこにひく。

ひとりであそぶときは、ペットボトルにひもをかけてみよう♪

6. マジックあやとり

てじょうはずし

ひもうつし

ひもが、おやゆびから人さしゆびへいったりきたり!?

レベル ★★☆

ひもは みじかめ

1
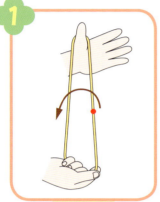

左手のおやゆびにひもをかけ、右手で●をやじるしのほうこうにひねる。

3
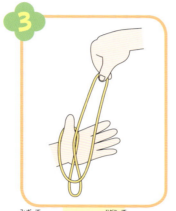

右手のひもが、左手のおやゆびと人さしゆびのあいだにくるようにする。

5

右手にもっているひもを、そのままゆっくり下にひく。

2

右手のひもをもち上げる。

4
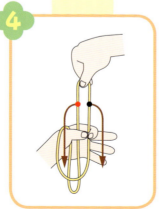

左手のおやゆびと人さしゆびでわをつくり、左手のおやゆびに●を、人さしゆびに●をかけ、わをひらく。

できあがり!
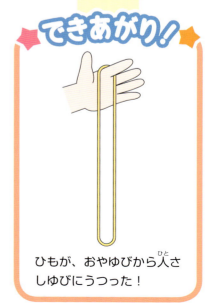

ひもが、おやゆびから人さしゆびにうつった!

マジックはまだつづくよ！

6
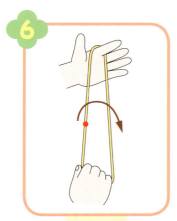
●をやじるしのほうこうにひねる。

8
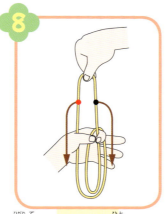
左手のおやゆびと人さしゆびでわをつくり、左手のおやゆびに●を、人さしゆびに●をかけ、わをひらく。

できあがり！
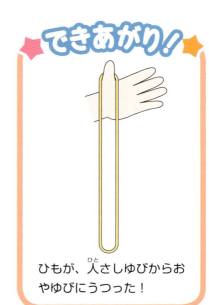
ひもが、人さしゆびからおやゆびにうつった！

7

右手のひもをもち上げて、左手のおやゆびと人さしゆびのあいだにくるようにする。

9

右手にもっているひもを、そのままゆっくり下にひく。

6. マジックあやとり

ひもうつし

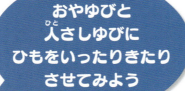
おやゆびと人さしゆびにひもをいったりきたりさせてみよう

おなじようにして、人さしゆび→中ゆび→くすりゆび→小ゆびにうつしていってもおもしろいよ

5本ゆびぬき

ゆびにからまったひもがスルスルとぬけるよ。

レベル

ひもは
ながめ

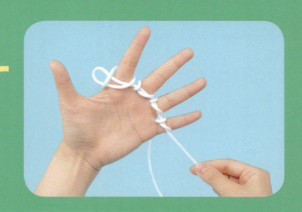

1
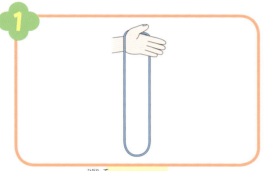

ずのように、左手にひもをかける。

2
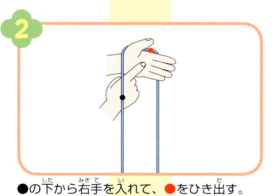

●の下から右手を入れて、●をひき出す。

3

ひき出した●を右に1かいねじる。

4
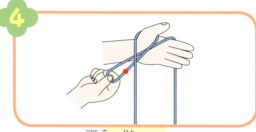

ねじった●を左手の人さしゆびにかける。

ポイント

ねじったまま
かけるよ。

5
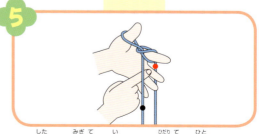

●の下から右手を入れて、左手の人さしゆびと中ゆびのあいだから●をひき出す。

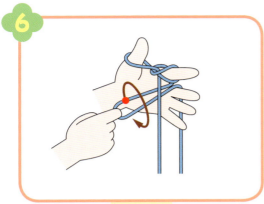

ひき出した●を右に1かいねじる。

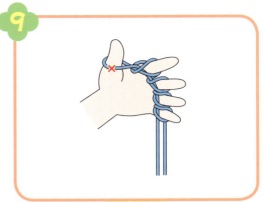

左手のすべてのゆびにひもをかけたら、おやゆびのひもをはずす。

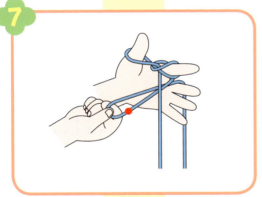

ねじった●を左手の中ゆびにかける。

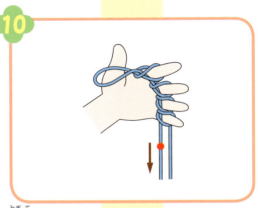

右手で●をひっぱる。

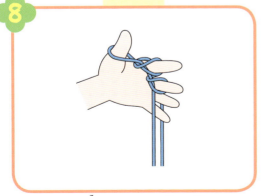

くすりゆびと小ゆびにも、5〜7とおなじようにしてひもをかけていく。

ゆびからひもがぬけた！

りょう手ゆびぬき

せいこうするととってもきもちいい！

レベル ★★★

ひもは
ながめ

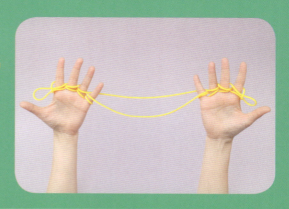

1
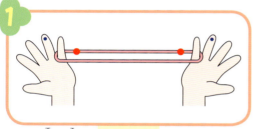

りょう手の小ゆびにひもをかける。くすりゆびのせで●をとる。

2
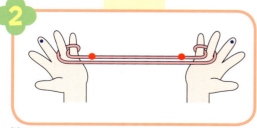

中ゆびのせで●をとる。

ポイント

手まえのひもの上から、おくの●をゆびのせでとろう。

3
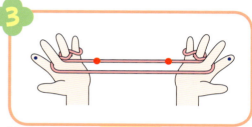

人さしゆびのせで●をとる。

4
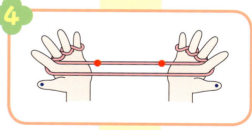

おやゆびのせで●をとる。

5
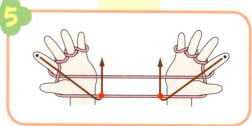

人さしゆびのはらで●をとり、ひもを上にひく。

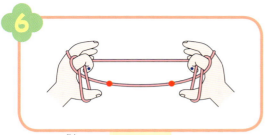

そのまま人さしゆびのせで●をとり、ゆびを立てる。

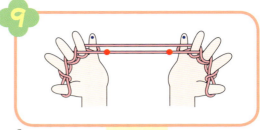

小ゆびのせで●をとる。

ポイント

人さしゆびのはらのひもがはずれないように、●をとろう。

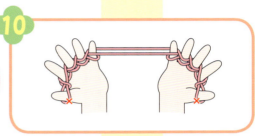

おやゆびのひもをはずす。

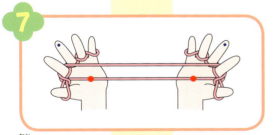

中ゆびのせで●をとる。

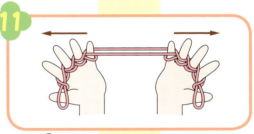

りょう手をよこにひろげる。

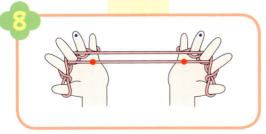

くすりゆびのせで●をとる。

できあがり！

りょう手からひもがぬけた！

6. マジックあやとり　りょう手ゆびぬき

ゆびわおとし

ゆびわはひもにとおっていたはずなのに……!?

レベル ★★☆

ひもは ながめ

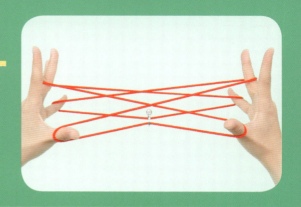

1
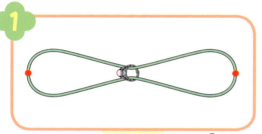

ゆびわにひもをとおす。●をりょう手のおやゆびと小ゆびにかける。

2
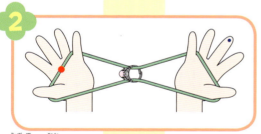

右手の中ゆびのせで●をとる。

3
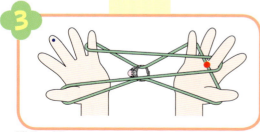

左手の中ゆびのせで●をとる。

4
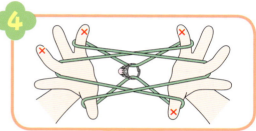

左手の中ゆびと小ゆび、右手のおやゆびと小ゆびのひもをはずす。

できあがり！
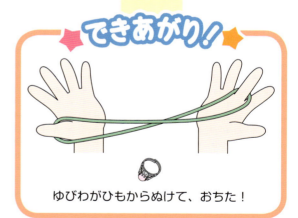

ゆびわがひもからぬけて、おちた！

❷と❸のとるじゅんばんをまちがえないようにしよう

7.
みんなであやとり

おうちの人やともだちといっしょにたのしめるあやとりだよ。

のこぎり

ひもをこうごにひっぱってたのしもう。

レベル ★★☆

ひもはながめ

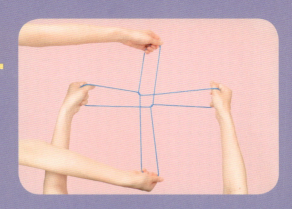

1

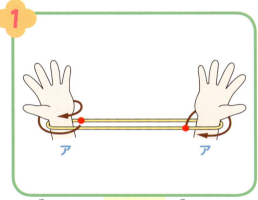

アが手くびにひもをかけ、●を手くびにまく。

2

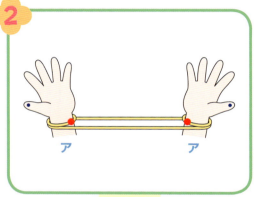

アははんたいのおやゆびのせで●をとりあう。

ポイント

はんたいの手をつかってまきつけよう。

3

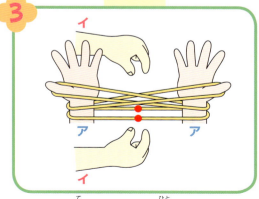

イがりょう手のおやゆびと人さしゆびで●をそとがわからつまんでもち上げる。

98

4

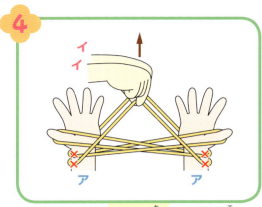

イはそのままひもをもち上げて、アの手くびの×のひもをはずす。

できあがり！

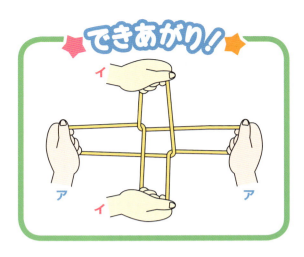

5

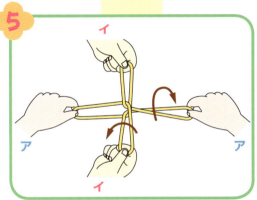

アとイどちらも、右手のひものねじれをまっすぐにする。

ひもがまっすぐになっているかどうか、たしかめてね！

あそびかた

ふたりでこうたいしながら、ひもをひっぱろう。

左右にひろげてギコギコ！　　こうたいしてギコギコ！

7. みんなであやとり

のこぎり

もちつき うごく

リズムよく手をうごかしてあそぼう！

レベル ★★☆

ひもは ながめ

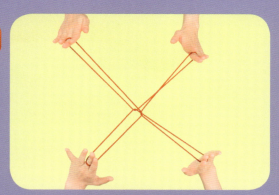

1
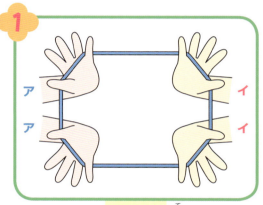

アとイがむかいあい、りょう手のおやゆびと小ゆびにひもをかける。

3
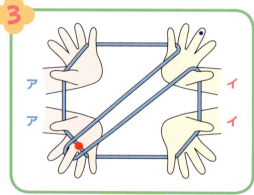

イの右手の中ゆびでアの右手の●をとる。

2
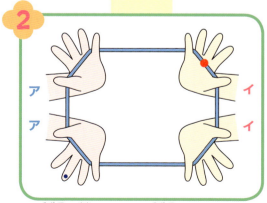

アの右手の中ゆびでイの右手の●をとる。

4
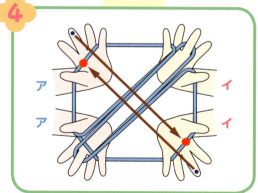

左手の中ゆびでもおなじように、ふたりでとりあう。

5

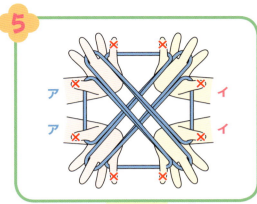

ふたりのりょう手のおやゆびと小ゆびのひもをはずす。

ポイント

ひもをはずすときは、ゆびをそろえよう。

できあがり！

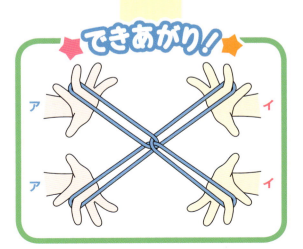

あそびかた

ふたりの手をあわせてうごかそう。

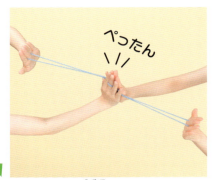

ふたりの右手どうしをあわせたり……

左手どうしをあわせたりしてあそんでね。

7. みんなであやとり　もちつき

ふたりでリズムよく手をうごかすのがポイントだよ♪

ろくぼうせい

かっこいいかたちのほしをふたりでつくろう。

レベル

ひもは
ながめ

①〜⑲はアがひとりでやるよ。

1
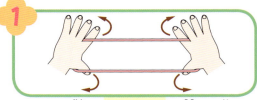
おやゆびと人さしゆびをひもの上から入れ、りょう手を手まえにかえす。

2
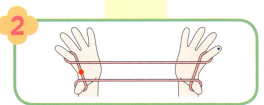
右手の人さしゆびのせで●をとる。

3
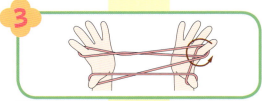
右手の人さしゆびの上のひもだけを、ゆびをまわしてねじる。

ポイント

左手のおやゆびと人さしゆびでねじるひものねもとをおさえると、ゆびをまわしやすいよ。

4
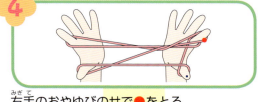
右手のおやゆびのせで●をとる。

5
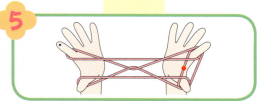
左手の人さしゆびのせで●をとる。

6
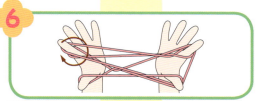
左手の人さしゆびの上のひもだけを、ゆびをまわしてねじる。

7
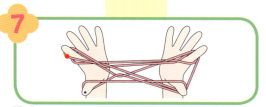
左手のおやゆびのせで●をとる。

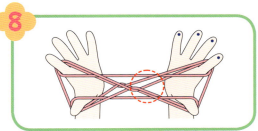

右手の人さしゆび、中ゆび、くすりゆび、小ゆびで◯のひもをすべてにぎる。

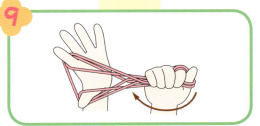

右手のこうが手まえがわにむくようにひっくりかえす。

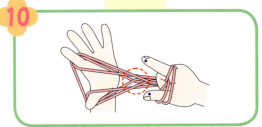

右手のおやゆび、人さしゆびで◯のひもをすべてつまむ。

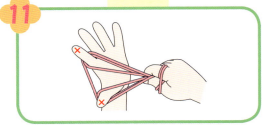

そのまま、左手のおやゆび、人さしゆびのひもをはずす。

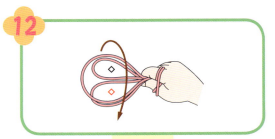

かたちをくずさないように、ひもをやじるしのほうこうにうらがえして◇と◇がはんたいになるようにする。

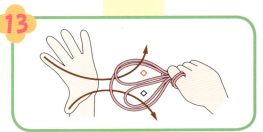

左手のおやゆびを◇に、人さしゆびを◇に下から入れる。りょう手のゆびを立てる。

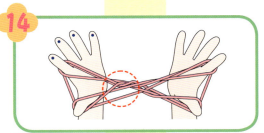

左手の人さしゆび、中ゆび、くすりゆび、小ゆびで◯のひもをすべてにぎる。

左手のこうが手まえがわにむくようにひっくりかえす。

7. みんなであやとり ろくぼうせい

つぎのページにつづく

103

「ろくぼうせい」のつづき

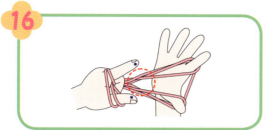

16 左手のおやゆび、人さしゆびで◯のひもをすべてつまむ。

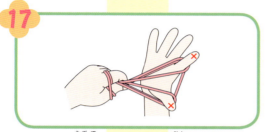

17 そのまま、右手のおやゆび、人さしゆびのひもをはずす。

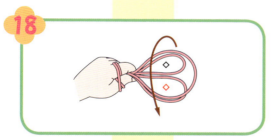

18 かたちをくずさないように、ひもをやじるしのほうこうにうらがえして◇と◇がはんたいになるようにする。

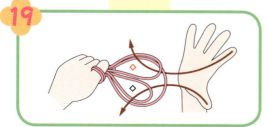

19 右手のおやゆびを◇に、人さしゆびを◇に下から入れる。りょう手のゆびを立てる。

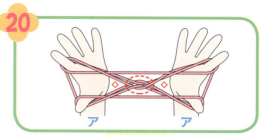

20 イが◯をつまむ。アはおやゆびと人さしゆびを◇の中に上から入れ、ゆびを下にひろげる。

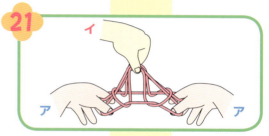

21 アはひもをゆびにかけたままにして、ひもをそっとつくえの上におく。イはつまんでいたひもをはなす。

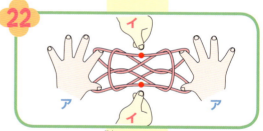

22 イはおやゆびと人さしゆびで●をつまんでひっぱる。

できあがり！

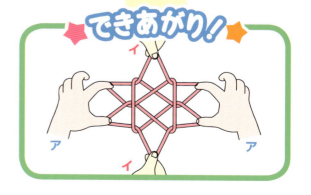

ふたりあやとり

たんぼ→川→ふね→ダイヤ→かえる→つづみ

レベル

ひもはながめ

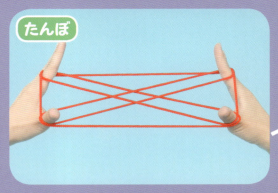

たんぼ

1
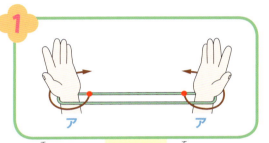

アが手くびにひもをかけ、●を手くびにまく。

2
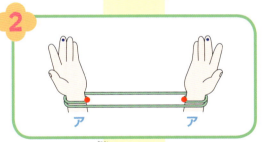

アははんたいの中ゆびのせで●をとりあう。

3
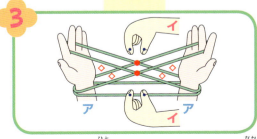

イがおやゆびと人さしゆびをよこから◇の中に入れ、●をつまむ。

4
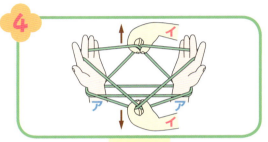

イはつまんだひもをよこにひっぱる。

5
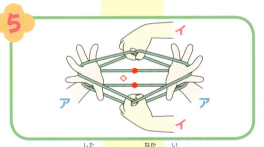

イはそのまま下から◇の中に入れ、●をとって手をよこにひらく。アは手からひもをはずす。

ポイント

下から◇の中に入れるところ。ゆっくりとうごかそう。

つぎのページにつづく

みんなであやとり
ろくぼうせい・ふたりあやとり

105

「ふたりあやとり」のつづき

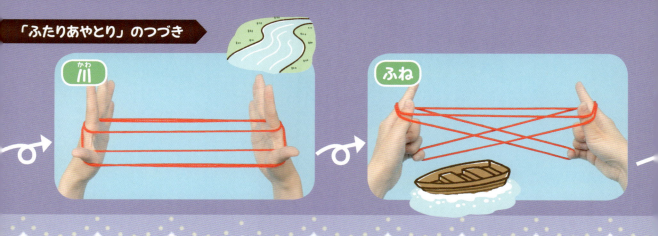

できあがり！

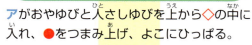

たんぼ

6

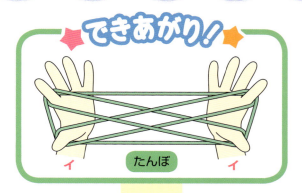

アがおやゆびと人さしゆびを上から◇の中に入れ、●をつまみ上げ、よこにひっぱる。

7

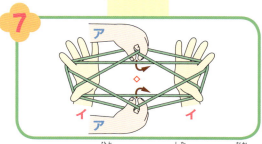

アはおやゆびと人さしゆびを下から◇の中に入れる。

8

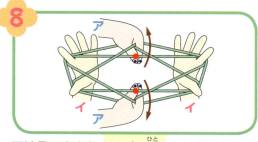

アはそのままおやゆびと人さしゆびのせで●をすくい、手をよこにひらく。イは手からひもをはずす。

できあがり！

川

9

イは右手の小ゆびのはらで●を上からすくいとる。

106

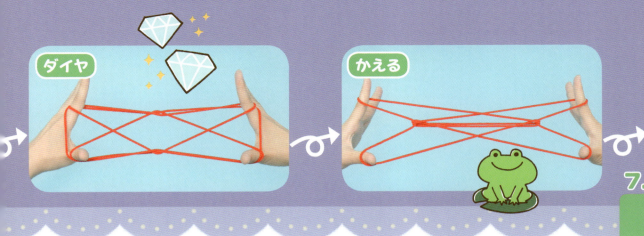

10
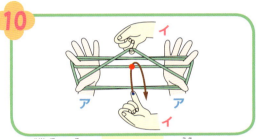

イは左手の小ゆびのはらで●を上からすくいとる。

ポイント

9と10でとったひもがクロスするようにしよう。

11
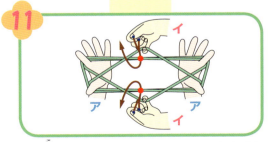

イは小ゆびにひもをかけたまま、おやゆびと人さしゆびのせで下から●を2本ともとる。アは手からひもをはずす。

できあがり！
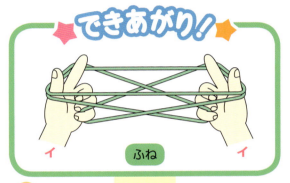

ふね

12
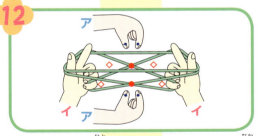

アがおやゆびと人さしゆびをよこから◇の中に入れ、●をつまんでよこにひっぱる。

13
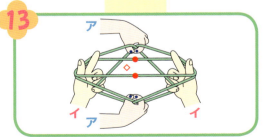

アはそのまま◇の中に上からゆびを入れ、●をとって手をよこにひらく。イは手からひもをはずす。

つぎのページにつづく

7. みんなであやとり / ふたりあやとり

「ふたりあやとり」のつづき

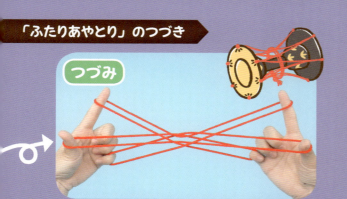

つづみ

このあとにまた「川」がつづくよ

14
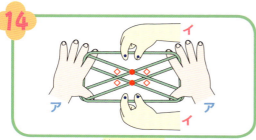

イはおやゆびと人さしゆびを上から◇に入れ、●をつまみ上げ、よこにひっぱる。

15
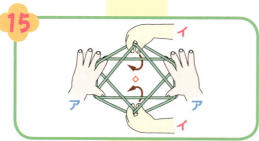

イは下から◇の中にゆびを入れる。

16
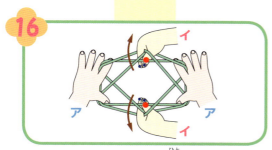

イはそのまま、おやゆびと人さしゆびのせで●をすくい、手をよこにひらく。アは手からひもをはずす。

できあがり！

ダイヤ

17
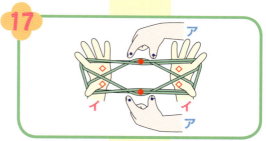

アはおやゆびと人さしゆびを上から◇の中に入れ、●をつまむ。

18
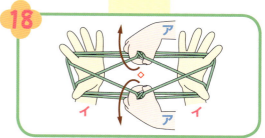

アはそのまま、おやゆびと人さしゆびを下から◇の中に入れ、よこにひらく。イは手からひもをはずす。

108

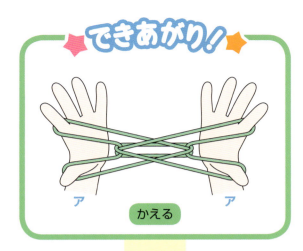

できあがり！

かえる

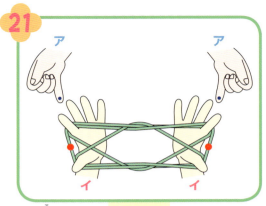

21

アは小ゆびのはらで●をとる。

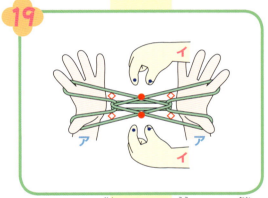

19

イはおやゆびと人さしゆびを上から◇の中に入れ、●をつまむ。

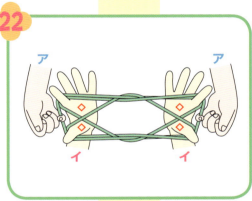

22

アはおやゆびと人さしゆびを上から◇に入れてゆび先をくっつける。

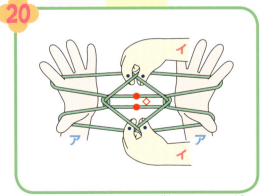

20

イはそのまま、おやゆびと人さしゆびを下から◇の中に入れ、●をとってよこにひらく。アは手からひもをはずす。

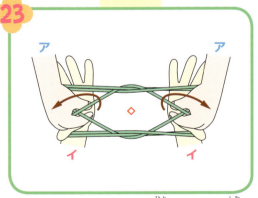

23

アはそのまま、おやゆびと人さしゆびを下から◇に入れてよこにひらく。イは手からひもをはずす。

7. みんなであやとり

ふたりあやとり

つぎのページにつづく

「ふたりあやとり」のつづき

できあがり！

つづみ

25

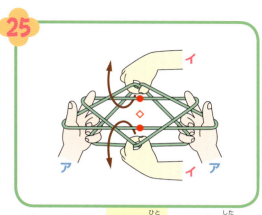

イはそのままおやゆびと人さしゆびを下から◇の中に入れ、●をとってよこにひらく。アは手からひもをはずす。

24

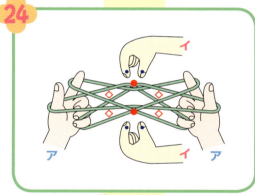

イはおやゆびと人さしゆびをよこから◇の中に入れ、●をつまんでよこにひらく。

できあがり！

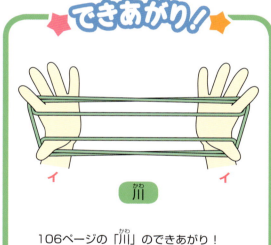

川

106ページの「川」のできあがり！ここからくりかえしていって、なんどもあそべるよ。

ポイント

こうさしているひもだけをとろう。

110

8.
れんぞくあやとり

つぎからつぎへとかたちがかわっていく、かっこいいれんぞくのあやとりだよ！

はまぐり→とんぼ

レベル ★★☆

ひもはながめ

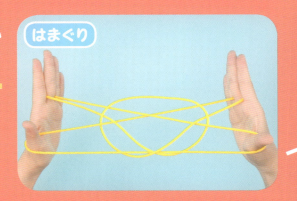
はまぐり

1
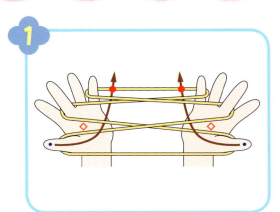

「中ゆびのかまえ」をする。おやゆびを◇の中に入れ、そのまま下からおやゆびのせで●をとる。

2
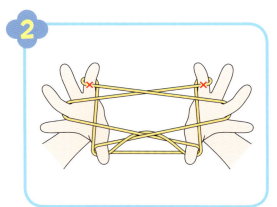

はんたいの手をつかって、小ゆびのひもをはずす。

ポイント
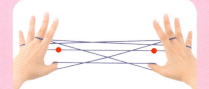

手のひらをむこうにむけると、●がとりやすいよ。

3
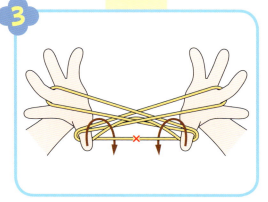

おやゆびをうちがわにたおして、×のひもだけをはずす。手を左右にゆっくりひく。

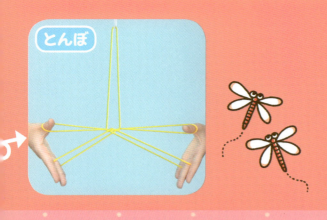
とんぼ

はまぐり

とんぼ

できあがり！ できあがり！

8. れんぞくあやとり

はまぐり→とんぼ

4
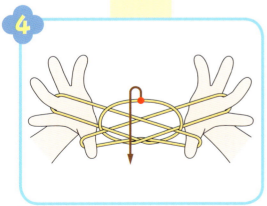
口で●をほかのひもの上からくわえてひっぱる。

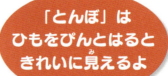
「とんぼ」はひもをぴんとはるときれいに見えるよ

113

かに → なっとう → 女の子

レベル ★★☆

ひもは みじかめ

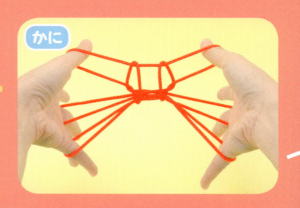
かに

1
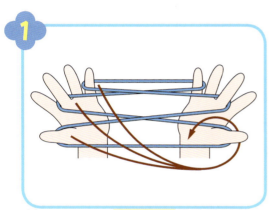

「中ゆびのかまえ」をする。左手のひもを、右手のおやゆびにやじるしのほうこうでまきつける。

2
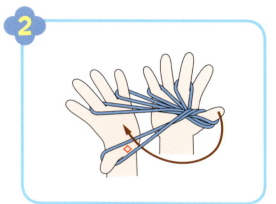

右手のおやゆびを◇の中に下から入れる。

ポイント

右手のおやゆびの手まえからまきつけよう。

3
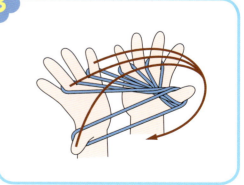

左手のひもを、右手のおやゆびにやじるしのほうこうでまきつける（1とははんたいほうこうにまく）。

4

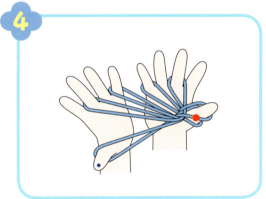

左手のおやゆびのせで●をとる。

6

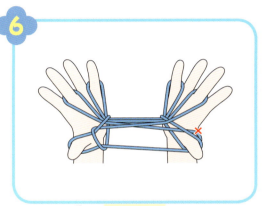

はんたいの手をつかって、×のひもだけをはずす。

5

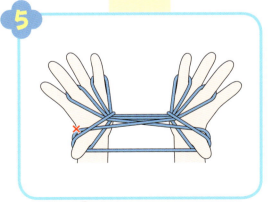

はんたいの手をつかって、×のひもだけをはずす。

7

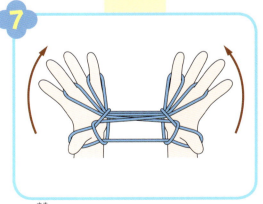

ゆび先をむこうがわにむける。

つぎのページにつづく

「かに→なっとう→女の子」のつづき

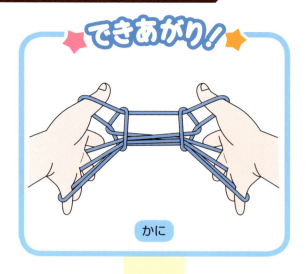

かに

なっとう

8

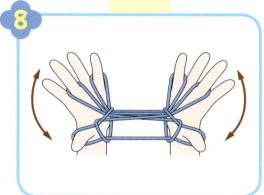

手くびを立てて、りょう手を上や下にうごかし、むすびめを2つつくる。

10

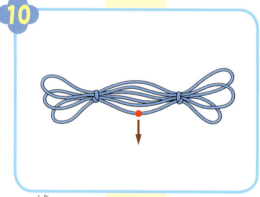

●を下にゆっくりひいて、かたちをととのえる。

9

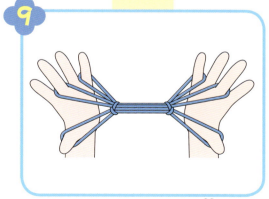

ゆびからひもをはずし、つくえの上においてかたちをととのえる。

女の子

さかずき→エプロン →でんきゅう→じょうぎ

レベル ★★☆

ひもは みじかめ

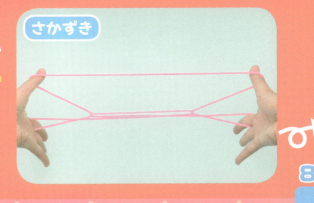
さかずき

8. れんぞくあやとり

かに→なっとう→女の子・さかずき→エプロン→でんきゅう→じょうぎ

1
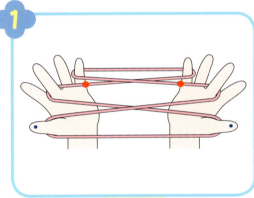

「中ゆびのかまえ」をする。おやゆびのせで●をとる。

2
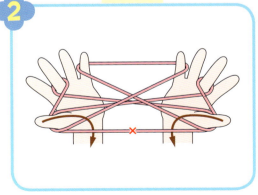

おやゆびをうちがわにたおして、×のひもだけをはずす。

3
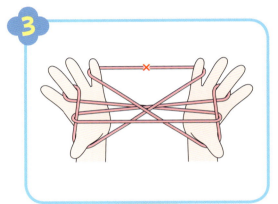

小ゆびからひもをはずす。

4
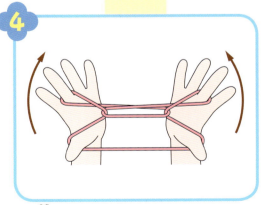

ゆび先をむこうがわにむける。

つぎのページにつづく

117

「さかずき→エプロン→でんきゅう→じょうぎ」のつづき

できあがり！

さかずき

できあがり！

エプロン

5
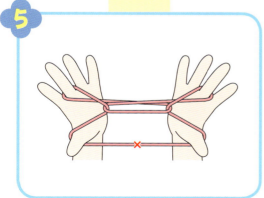
手のひらを手まえにむけ、おやゆびからひもをそっとはずす。

6
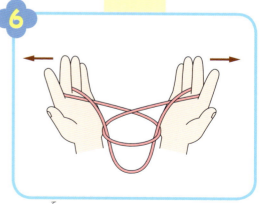
りょう手をよこにゆっくりひろげる。

118

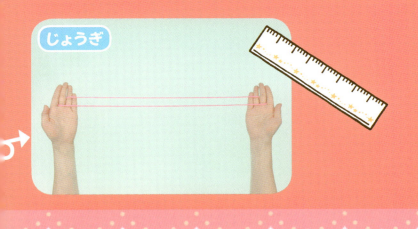
じょうぎ

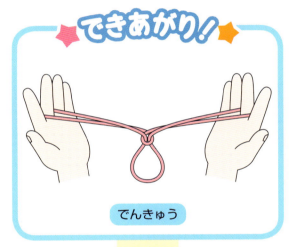
でんきゅう

じょうぎ

でき あがり！

7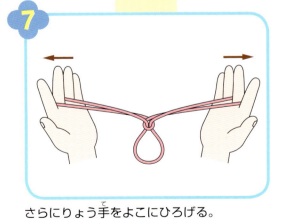
さらにりょう手をよこにひろげる。

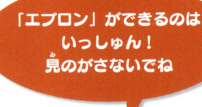
「エプロン」ができるのは
いっしゅん！
見のがさないでね

8. れんぞくあやとり

さかずき→エプロン→でんきゅう→じょうぎ

ちょうちょう →さんみゃく→ねこ

レベル
★★★

ひもは みじかめ

ちょうちょう

1

左手のおやゆびと小ゆび、右手のおやゆびにひもをかける。右手の小ゆびのはらで●をとって1かいねじる。

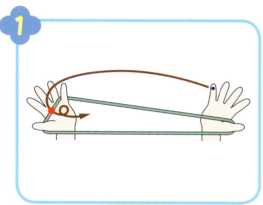

2

人さしゆびのせで●をとる。

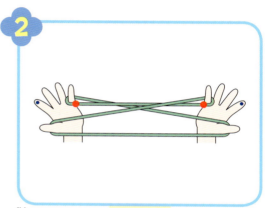

ポイント

小ゆびのはらで●をとってから、ゆびをくるんと1かいまわしてね。

3

はんたいの中ゆびのせで●をとりあう。

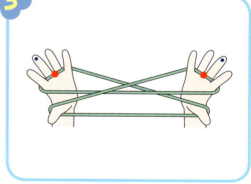

4

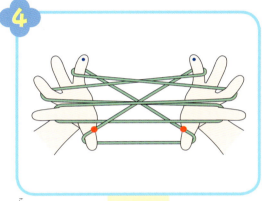

小ゆびのせで●をとる。

6

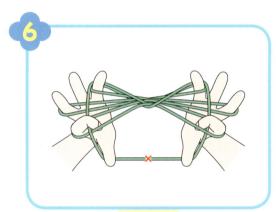

おやゆびのひもをはずす。

5

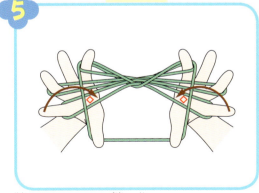

人さしゆびを◇の中に入れる。

7

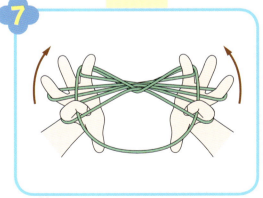

ゆび先をむこうがわにむける。

8. れんぞくあやとり ちょうちょう→さんみゃく→ねこ

つぎのページにつづく

「ちょうちょう→さんみゃく→ねこ」のつづき

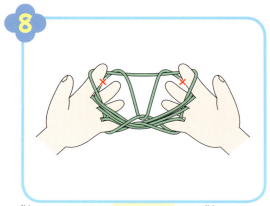

人さしゆびをまっすぐにのばす。人さしゆびの×のひもはしぜんにはずれる。

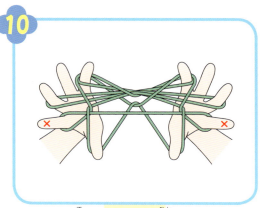

はんたいの手をつかって、人さしゆびのひもをはずす。

ちょうちょう

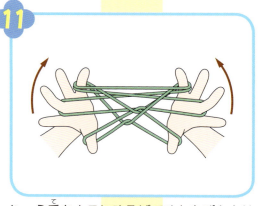

りょう手をよこにひろげてひもをぴんとはり、ゆび先をむこうがわにむける。

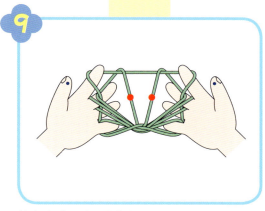

おやゆびのせで●をとる。

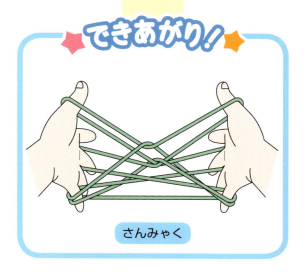

さんみゃく

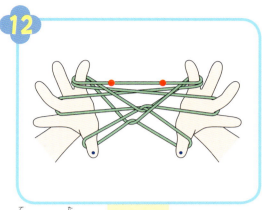

手くびを立てて、おやゆびのせで●をとる。

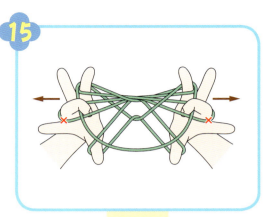

ゆるんだひもをぴんとはる。×のひもはしぜんにはずれる。

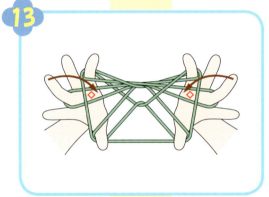

中ゆびを◇の中に入れる。

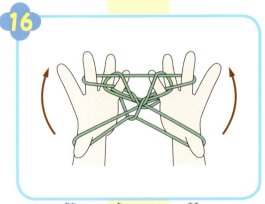

そのまま中ゆびを立てる。ゆび先をすこしだけむこうがわにむける。

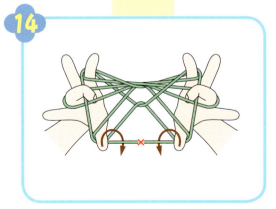

おやゆびをうちがわにたおして、×のひもだけをはずす。

ねこ

8. れんぞくあやとり

ちょうちょう→さんみゃく→ねこ

さくいん

あ行

- あおむしダンス ⭐⭐⭐ ………… 85
- いえ ⭐⭐⭐ ………………………… 49
- 犬 ⭐☆☆ …………………………… 38
- いのしし ⭐⭐☆ …………………… 39
- うさぎ ⭐⭐⭐ ……………………… 23
- うし ⭐⭐☆ ………………………… 20
- うま ⭐☆☆ ………………………… 30
- エプロン（れんぞくあやとり）⭐⭐☆ …117
- おうかん ⭐⭐☆ …………………… 14
- 女の子（れんぞくあやとり）⭐⭐☆ ……114

か行

- かえる ⭐☆☆ ……………………… 12
- かえる（ふたりあやとり）⭐⭐☆ …105
- かがにげた！ ⭐⭐☆ ……………… 83
- かささぎ ⭐☆☆ …………………… 57
- かたつむり ⭐⭐☆ ………………… 64
- かに（れんぞくあやとり）⭐⭐☆ …114
- かめ ⭐⭐☆ ………………………… 42
- 川 ⭐⭐☆ …………………………… 55
- 川（ふたりあやとり）⭐⭐☆ ……105
- 木 ⭐☆☆ …………………………… 10
- きらきらぼし ⭐⭐☆ ……………… 52
- くらげ ⭐⭐☆ ……………………… 43
- くんしょう ⭐⭐☆ ………………… 15
- ゴム ⭐☆☆ ………………………… 61

さ行

- さかずき（れんぞくあやとり）⭐⭐☆ …117
- さかな ⭐⭐☆ ……………………… 46
- さる ⭐⭐☆ ………………………… 34
- さんみゃく（れんぞくあやとり）⭐⭐⭐ …120
- じょうぎ（れんぞくあやとり）⭐⭐☆ …117
- せんす ⭐☆☆ ……………………… 48

た行

- ダイヤ（ふたりあやとり）⭐⭐☆ …105
- たつ ⭐⭐☆ ………………………… 26
- たんぼ（ふたりあやとり）⭐⭐☆ …105
- ちょうちょう ⭐☆☆ ……………… 11
- ちょうちょう（れんぞくあやとり）⭐⭐⭐ …120
- 月にむらくも ⭐⭐☆ ……………… 56
- つづみ（ふたりあやとり）⭐⭐☆ …105
- つりばし ⭐☆☆ …………………… 13
- てじょうはずし ⭐☆☆ …………… 88
- でんきゅう（れんぞくあやとり）⭐⭐☆ …117
- とうきょうタワー ⭐⭐☆ ………… 72
- とら ⭐⭐☆ ………………………… 21
- とり ⭐☆☆ ………………………… 36
- とんぼ（れんぞくあやとり）⭐⭐⭐ ……112

な行

- なっとう (れんぞくあやとり) … 114
- ねこ (れんぞくあやとり) … 120
- ねずみ … 18
- のこぎり … 98

は行

- はたおり … 53
- 花 … 66
- 花かご … 68
- バナナ … 62
- はまぐり (れんぞくあやとり) … 112
- ひつじ … 31
- ひもうつし … 90
- ふじさん … 63
- ふね (ふたりあやとり) … 105
- へび … 29
- ほうき … 60

ま行

- めがね … 70
- もちつき … 100

や行

- ゆびわおとし … 96

ら行

- りょう手ゆびぬき … 94
- ろくぼうせい … 102

すうじ

- 1だんばしご … 73
- 2だんばしご … 75
- 3だんばしご … 76
- 4だんばしご … 78
- 5だんばしご … 80
- 5本ゆびぬき … 92
- 6だんばしご … 82
- 7つのダイヤモンド … 44

125

■ 監修 福田けい

あやとり研究家。国内外のあやとりを収集し、オリジナル作品も多数生み出している。小学校や地域の伝承文化交流会などを通して幅広い世代にあやとりの魅力や歴史を伝えている。監修に『5ステップで完成!! 親子で楽しいはじめてのあやとり』（朝日新聞出版）、『あやとりできた！』（日本文芸社）など。

■ STAFF

編集協力	株式会社童夢
本文デザイン	有限会社チャダル
DTP	Studio Porto
撮影	糸井康友
あやとり図制作	坂川由美香
イラスト	きゃらきゃらマキアート
校正	くすのき舎、村上理恵

親子で遊ぼう
あやとりだいすき！

監修者	福田けい
発行者	池田士文
印刷所	TOPPANクロレ株式会社
製本所	TOPPANクロレ株式会社
発行所	株式会社池田書店

〒162-0851　東京都新宿区弁天町43番地
電話03-3267-6821(代)／振替00120-9-60072

© K.K.Ikeda Shoten 2018, Printed in Japan
ISBN978-4-262-15240-0

本書のコピー、スキャン、デジタル化等の無断複製は著作権法上での例外を除き禁じられています。本書を代行業者等の第三者に依頼してスキャンやデジタル化することは、たとえ個人や家庭内での利用でも著作権法違反です。

24017010